销售员心理学实战训练

刘军 ◎ 编著

中国纺织出版社有限公司

内 容 提 要

本书根据销售行业的特点，以销售实战训练为出发点，通过实际案例，有针对性地引导销售从业人员运用心理学原理提升销售力，提高对客户的心理认知，让销售员成为懂心理学的销售高手。通过实际销售案例参照，销售心理学实战指导，心理学实战理论点拨，心理学拓展训练方法等情景性、多版块、碎片化的内容设置，不仅能让读者有效降低阅读疲劳，提高阅读兴趣，更能全方位地、高效地引导销售员提高心理学理论水平和实战能力。

图书在版编目（CIP）数据

销售员心理学实战训练 / 刘军编著． -- 北京：中国纺织出版社有限公司，2021.1

ISBN 978-7-5180-7872-1

Ⅰ.①销… Ⅱ.①刘… Ⅲ.①销售－商业心理学 Ⅳ.① F713.55

中国版本图书馆 CIP 数据核字（2020）第 174178 号

策划编辑：于磊岚　　特约编辑：李　勤
责任校对：高　涵　　责任印制：储志伟

中国纺织出版社有限公司出版发行
地址：北京市朝阳区百子湾东里A407号楼　邮政编码：100124
销售电话：010—67004422　传真：010—87155801
http://www.c-textilep.com
中国纺织出版社天猫旗舰店
官方微博 http://weibo.com/2119887771
三河市宏盛印务有限公司印刷　各地新华书店经销
2021年1月第1版第1次印刷
开本：710×1000　1/16　印张：13.5
字数：206千字　定价：48.00元

凡购本书，如有缺页、倒页、脱页，由本社图书营销中心调换

前 言

很多销售员会遇到这样的情况：一个看起来稳操胜券的订单，一夜之间就被竞争对手抢走了；遇到客户，无论自己怎么说，他就是不买你的账；与客户前期的沟通都很顺畅，可是到成交时却被客户拒绝了；无论你怎样向客户保证，客户始终对你持怀疑态度而不肯签单……为此，很多销售员都在思考这样一个问题：如何才能在销售中顺风顺水呢？

销售做不好，多是销售员没有抓住客户的心。在现实中，很多销售员并不了解客户的心理，只会拼命地预约客户，一见到客户就迫不及待地介绍产品、报价，恨不得立马让客户付款或签订销售合同，可这样做的结果是无论销售员怎样卖力，即便是磨破嘴、跑断腿，客户仍然不愿意买账。《孙子兵法》中说："知己知彼，百战不殆。"要想成为一个成功的销售员，就必须了解客户的心理需求，知道他们想要什么。能有针对性地满足客户的物质和精神需求，让客户在购买与消费活动中感到舒适、舒心、快乐和满意。只有对客户的购买心理把握到位，才能促使销售行为按照自己的计划顺利完成。实际上，销售员从一开始找到客户直到完成交易，他所需要的不仅仅是细致的安排和周密的计划，更需要与客户进行心理上的交战。销售的过程，就是客户对产品、公司及销售员本人产生从拒绝到接受、从排斥到认同的心理变化的过程。要想成为销售场上的高手，销售员除了要懂得灵活运用各种销售方法外，更重要的是掌握客户在销售活动中的心理规律，学会站在客户的角度考虑问题。

本书根据销售行业的特点，以销售实战为出发点，用实际案例，有针对性地引导销售从业人员运用心理学原理提升销售力，提高对客户的心理认知，让销售员成为懂心理学的销售高手。通过实际销售案例参照，销售心理学实战指导，心理学实战理论点拨，心理学拓展训练方法等情景性、多版块、碎片化的内容设置，不仅能让读者有效降低阅读疲劳，提高阅读兴趣，更能全方位地、高效地引导销售员提高心理学理论水平和实战能力。

本书在编写中难免存在不足和不妥之处，期待广大读者指正。

编著者

2020 年 9 月

目 录

第1章
消除销售员的心理阻碍，心路通销售之路才通

成功的销售员，品格是最大的销售力 / 2
保持亲切的笑脸，你会更受客户欢迎 / 4
拥有积极的心态，是成功销售的第一步 / 7
心里有销售目标，努力才会有方向 / 10
充分相信自己，自信是销售员最大的能量 / 12
有颗勇敢的心，在不断的挑战中进取 / 15
销售实战能力训练与提升 / 18

第2章
掌握常见消费心理，准确迎合客户需求

客户注重产品质量，更注重情感需求 / 22
利用从众心理，引导客户抢购商品 / 24

客户不一定爱便宜，但一定爱占便宜 / 27

客户喜欢稀缺商品，那就"饿"一下他们 / 29

客户追求物超所值，不妨在价格上做好文章 / 31

客户都有防备心理，最重要的是消除顾虑 / 33

销售实战能力训练与提升 / 36

第3章
破译客户微小动作，及时把握客户心理变化

客户不同的笑容，反映不同的心理世界 / 42

观察客户眉宇：通过"眉语"知"心语" / 45

观察客户的手部动作：从手语洞悉客户心理 / 48

眼睛是心灵的窗户：眼神暴露客户的心神 / 51

坐相就是心相：坐姿变化预示心理变化 / 53

一举一动皆传情：看懂客户的肢体语言 / 56

销售实战能力训练与提升 / 59

第4章
观察客户言行举止，从习惯推测基本性格

注意客户吃相：从吃上定位客户性格 / 62

抽烟有秘密：抽烟方式能暴露客户心思 / 64

酒品如人品：从喝酒习惯把握客户秉性 / 67

注意身姿：行走姿态能看出客户内心 / 70

言为心声：从用词习惯揣摩客户心理 / 73

销售实战能力训练与提升 / 76

第 5 章
根据客户个性差异，找准心理软肋精准推销

虚荣型客户：成功销售是捧出来的 / 80
内敛型客户：用真诚和热情打破他的冰冷 / 83
外向型客户：推销利索不拖泥带水 / 85
唠叨型客户：倾听，倾听，再倾听 / 88
专断型客户：多服从，少抬杠 / 90
完美型客户：用"无可挑剔"征服他 / 92
节俭型客户：让对方感到物有所值 / 95
销售实战能力训练与提升 / 98

第 6 章
找准客户群体特征，按照心理需求对症下药

对老客户的销售：注重信誉，真情相待 / 104
对新客户的销售：博取信任，拉近心理距离 / 106
对男客户的销售：给足面子，让对方有满足感 / 109
对女客户的销售：让销售变成一次美好的相遇 / 111
对年长客户的销售：将耐心、爱心进行到底 / 114
对年轻客户的销售：用"新奇特"引发购买欲 / 116
销售实战能力训练与提升 / 118

第 7 章
推销方式招招"摄心",卖出商品就会水到渠成

完美的第一印象,让你的销售走向成功 / 124
提高亲和力,用个人内在魅力打动客户 / 126
想吸引客户,一定要有耐心听客户说话 / 128
百听不如一"验":让客户亲身感受产品 / 130
选择恰当的时间和场合,才会有成功的销售 / 132
制造悬念,利用客户的好奇心理促成交易 / 136
坦诚相告,让客户自己选择 / 139
完美的逻辑表达,止住客户"找茬"的心理 / 141
销售实战能力训练与提升 / 144

第 8 章
攻破客户心理壁垒,改变客户拒绝态度

将客户的拒绝,变为成交的机会 / 150
让客户多说"是",可以减少分歧发生 / 153
找出拒绝心理根源,化"负面问题"为卖点 / 155
面对扎心的拒绝,用妙答挽回客户的心 / 159
应对价格异议,从心理根源入手 / 162
找到异议的心理根源,处理异议有的放矢 / 166
对不方便回答的问题,巧妙拒绝让客户顺心 / 168
销售实战能力训练与提升 / 170

第9章 运用有效心理干预,让客户毫不犹豫地购买

限时限购成交术,促使客户去抢购 / 176
利用二选一法则,让客户没有退路 / 178
消除"痛点",让客户果断下单不犹豫 / 180
欲擒故纵,让客户感觉到危机 / 183
黑白脸成交术,软硬兼施促进成交 / 186
用环境的力量,激发客户的消费热情 / 188
销售实战能力训练与提升 / 190

第10章 捕捉客户成交信号,把握销售的主导权

捕捉客户成交信号,销售贵在趁热打铁 / 194
表情变化:从客户的表情中捕捉签单信号 / 196
言多必得:客户言语暗含成交信号 / 198
动作捕捉:客户身体会"说话" / 201
销售实战能力训练与提升 / 203

参考文献 / 205

第1章 消除销售员的心理阻碍，心路通销售之路才通

销售员拥有自信、积极的心态，才会在销售工作中积极地进取、执著地奋斗、勇敢地面对困难，充满无尽的激情和动力。可见，销售员的心理素养才是决定销售成败的根本。所以乔·吉拉德认为心理素养是"创造销售奇迹的最佳方式，积蓄富有一生的心理资本"。销售员要做好销售这项工作，首先要具备良好的心理素养，心路通销售之路才通。

成功的销售员，品格是最大的销售力

品格是世界上最伟大的力量，没有什么可以取代它。销售员的品德不行，再好的产品也难卖出去。所以，一个人在进入销售行业之前，先要做好自己，先做人，再做销售。真实、真诚、朴素的品格是赢得客户信任的法宝，客户对销售员的信任和好感是成交的基础，所以，销售员要时刻注意自己的道德品格修养。将高尚的品格展示给客户，成交的主动权也就向你倾斜。

【实战案例】

岛村是日本最大的半导体元件销售代理商。

岛村开始做半导体元件销售代理商的时候，由于竞争激烈，拓展市场的难度可想而知，但一个偶然的机会让他在激烈的市场竞争中赢得了一席之地，并逐渐将生意做大。

这天，越南的供货商发邮件告诉岛村，之前由他代销的一批半导体元件，存在性能上的缺陷，不适合用在功率2000瓦以上的电器上，而这点在产品说明上却没有标明。供货商一是愿意召回这些元件；二是如果他的客户能用这批元件，不退货的话，供货商可以给予销售代理商30%的退现补偿。

岛村知道，使用这批元件的大多是生产小型电器的客户，产品的功率都没有超过100瓦的，完全可以使用这批半导体元件。

岛村了解情况后，并没有私自吞下30%的退现补偿，而是马上通知了客户接受供货商的补偿，并建议客户选择30%的退现。很快，"诚实的岛村"在业界传开，岛村的订单也越来越多，生意越做越好。

当岛村将业务拓展到东京一带时，正赶上经济危机爆发。

有一天，一位新客户打电话坦诚地告诉岛村，现在接了一单生意，需要岛村提供半导体元件，但是，公司发生了财务危机，无力很快支付这笔采购款，希望账期能够延长至一年。

岛村了解到，这位客户的公司是一家有30年历史的老公司，之前一直运行良好，之所以出现目前的困境，完全是因为经济危机导致的。

考虑再三之后，岛村决定帮帮这家公司，将账期延至一年。

在岛村的帮助下，这家公司很快走出了困境，结账的时候，客户还心甘情愿地把订货价提高到了高于市场的价格。之后，这位客户每年都会将不少的大单交给岛村，成了岛村的大客户。

岛村没有截流30%的退现补偿而使自己的收益增加，赢得了更多客户的信赖；岛村热心帮助客户，虽然会面临风险，但最终却感动了客户，也成就了自己。为人诚实、热心帮助他人，只是一种品格，并不是什么非常高明的技巧。岛村之所以成功，很大程度是因为品格的力量。毋庸置疑，客户更在意销售员的品格，他们喜欢品格端正的、说实话的、讲信誉的销售员。

【实战点拨】

在销售过程中，要想让客户相信你，把自己的需求告诉你，买你的东西，除去产品因素外，更多的原因在于销售员的个人魅力和品格。一个虚情假意的，甚至是缺乏基本道德的销售员，客户了解他后，就不会信任他，更不会在他那里购买东西。所以，在销售的过程中，销售员一定要向客户表现出自己的美好品格。

销售员的品格是指反映在销售活动过程中销售员所具备的思想、文化、业务和职业素养及品质。良好的品格，能给客户提供满意的服务，展示良好的个人形象，赢得客户的喜欢。一个品格良好的销售员，主要体现在以下几点。

1. 实事求是、诚实正直

销售员每天都要与各种各样的客户打交道，介绍、推荐和沽售产品，而客户对销售员往往会有一定的戒备心理，因此，销售员比从事其他职业的人员更要实事求是、诚实正直，树立诚实正直的个人形象。展现了诚实正直的形象后，客户才会相信销售员，相信他所推荐的产品，销售才能得以顺利进行。作为一个销售员，必须抱有一颗真诚的心，诚恳地对待客户，只有这样，客户才会尊重你，把你当作朋友。

2. 注重信誉，不胡乱承诺

销售员常常通过向客户许诺来打消客户的顾虑。例如许诺承担质量风险，保证商品优质，保证赔偿客户的损失，答应在购买时间、数量、价格、交货期、服务等方面给客户提供优惠。销售员在不妨碍推销工作的前提下，可以给客户做一些保证，但不要做过多的承诺，同时要考虑自己的承诺是否符合公司的方针政策，不要开空头支票。卖家一旦许下诺言，就要不折不扣地实现诺言。为了赢得交易的成功而胡乱许诺，其结果必定是失去客户信赖。

3. 谦虚有礼节

销售员的礼节是商品买卖过程中非常重要的一环。讲求礼节的基本原则是：诚恳、热情、友好、谦虚。围绕这几个基本点去处理事情，就会收到预期的效果。销售员不懂礼节，往往会影响交谈的效果。客户是聪明的，他们只向值得信赖、礼节端正的卖家购物。

4. 热情友善

热情友善的销售员会让客户乐于与其接近和交谈，性格粗暴的人，人人都会避而远之。所以，销售员在与客户沟通的时候，一定要表现出热情友善的一面，这样才能拉近彼此间的心理距离。当客户乐意接受你这名销售员的时候，成功销售也就顺理成章了。

销售员的人品还体现在很多方面，如对客户的忠诚、爱岗敬业、奉献精神等。销售员要学会在方方面面严格要求自己，做一个有品格的销售人。

保持亲切的笑脸，你会更受客户欢迎

有人曾经说过，笑是两个人之间最短的距离。微笑最直接地传达了友好和亲切的信号，拉近了人与人之间的心理距离，尤其是在销售这一行中，每天接触的大多都是陌生人，怎样让对方接受你，是销售能否成功的最关键问题，也是销售员要走的第一步。当你第一次与客户见面时，微笑能化解两人初次相见的陌生感，同时给客户留下良好的第一印象。尽管人与人之间的第一印象产生在短短的几秒间，却直接决定了客户是否还有与你交谈下去的意愿。因此，建立在良好印象上的交流显然是促成成交的良好开端，好的开始是成功的一半。

【实战案例】

张巧和雨馨是同一个品牌专柜的销售员，两人前后差不多的时间就职，3个月下来，雨馨的业绩总是比张巧高，最近的一个月甚至比她高了将近一倍。张巧曾暗暗地把雨馨当作努力赶超的对象，给自己压力，可是一直不见成效。她不禁心生委屈，想着自己每天早来晚走，站的时间一点也不比对方少，业务能力也不比对方差，怎么业绩就上不去，客户就留不住呢？

她十分不解，便每天注意雨馨的一举一动，想要找到答案。经过一段时间的观察，张巧发现，每一位来到柜台咨询的客户，都会主动找雨馨说话，而一些老客户，甚至会点名向雨馨咨询。张巧忽然意识到了问题的所在，进一步地对比自己和对方的行为，终于找到了根本症结。

原来雨馨天生一张笑脸，见谁都笑嘻嘻的，总是一副很开心的样子，对第一次见面的客户也能像认识了很久的朋友一样，人还没走近，就开始用微笑冲他们打招呼了，别人见了她都觉得特亲切，客户很愿意和她聊天，而雨馨最擅长的就是在谈笑风生中推销产品。

张巧找到了自身的不足，想到自己面对迎来送往的客户，脸上总是冷冰冰的，介绍产品时一味地想着怎么让客户对产品动心，忽略了客户对自己面部表情的观感。这样面无表情的推销，哪怕再专业、再熟练，也留不住客户的心。

亲切的微笑是融化陌生感最适宜的温度，它既是一种礼貌，也是一份发自内心的关怀。在销售中，客户要购买的不仅仅是一件并无生命力的商品，而是要感受到温馨的笑脸与周到的服务。有时候，客户并不在乎价钱的高低，花钱买的是心里的舒坦。设身处地地想想，如果你去购物，走进一家商店，店员对你爱答不理，不冷不热，你怕是也想要立马转身离开吧；相反，若是一进门就能碰上一位热情、有着亲切笑容的销售员，你一定会想在店里多逛一会儿。

【实战点拨】

很多客户在最开始了解一件陌生的产品时，都是有抗拒心理的，对主动给自己推销产品的销售员也不自觉地保持警惕，生怕被坑了，花了冤枉钱。因此做销售，一定要先了解大众普遍的心理，如果不能在第一时间化解客户心理的芥蒂，那么无论你的产品有多好，你的介绍有多详尽，客户都听不进去。"推销产品先推销自己"，这话很有道理。如果客户对你这个人本身没有好感，你说的话对于他自然没有什么说服力。在任何场合，亲切的微笑都是打开沟通的第一把钥匙，先用笑容打动对方，与客户建立起友好的关系，像个朋友一样，对方就会对你产生基本的信任感，你再去推销产品，成交就是水到渠成的事了。

不可否认，人都有不开心的时候，销售员也是一样。所以，在自己不开心的时候也能面对客户保持微笑，这是一种自我约束的良好品格。那么，销售员如何做到微笑常在，并让客户感受到你的微笑是真诚的呢？

1. 控制自己的心情

人不可能时时刻刻都感到愉快，但在面对客户时，一定要控制住自己的情绪，不能把生活中的负能量带到工作中，更不能将从别处受的气，撒在客户身上。分清场合，顾全大局，控制自己的情绪，是一个成熟销售员的基本素质。只有自己先保持一个好的心情，才能发自内心地微笑。如果你用一个很差的心情面对客户，很难保证在工作中不会失去耐心；而勉强自己去微笑，也会让客户感受得到。

2. 练习自己的笑容

"职业性的微笑"都是练出来的，有时我们意识不到自己的表情，毕竟大家都不是演员，平时并不会注意到自己脸上带了什么样的情绪，有时你觉得自己表现得足够热情，足够亲切，可能在别人看来却是"假惺惺"的，这对销售员来说可不是什么好事情。当然，如果我们能喜欢自己接触的每一位客户，自然而然会笑得很诚恳，但现实并没有那么美好，与其勉强自己喜欢每一个人，不如培养自己的专业素养，对着镜子练习自己的笑容，使微笑成为一种习惯。

3. 热爱你的工作

只有在自己热爱的事业中，才有动力做好一切。如果把工作看成是痛苦的事，怎么可能会笑得由衷，偶尔的不开心可以隐藏，可以用职业素养来掩饰，但长久的压抑会拖垮你的能量，会消耗你的精神，早晚有一天你的笑容会崩溃在你的脸上。所以，无论做什么事情，想要做好，一切一切的出发点，是热爱。先去热爱，才有自信。

亲切的微笑不但可以使人们和睦相处，也能给人带来极大的成功。因为一个人亲切的笑意，远比他穿着一套华丽的衣服更受人欢迎。微笑是一种接纳，它缩短了彼此间的距离，让人之间心心相通，这样更容易走入客户的心里。

拥有积极的心态，是成功销售的第一步

与其他职业相比，销售员就更需要拥有积极的心态。众所周知，做销售很难，往往与100位客户沟通，都不能换得一个成功的交易。推销工作是失败居多，但一场场失败的销售却是交易成功的必然过程，没有失败，就不会有成功的销售。所以，这就要求销售员具有很强的对抗挫折的能力——积极的心态。

推销之所以成功，一定是有一个积极的心态，即 Positive Mental Attitude。人们常用 PMA 表示积极心态，这也成为了销售活动的黄金定律。PMA 黄金定律告诉人们这样一个道理：一个拥有积极心态的销售员，往往更愿意接受挑战，更漠视一切困难，因此能更快地成为一个成功者。这个定律非常适合推销工作：销售员选择了积极的心态，他就等于选择了成功销售；如果他选择消极的心态，等待他的只会是失败。

【实战案例】

在非洲的某个地方，因为气候炎热，那里的人都打赤脚，不穿鞋子。

先后有两个销售员去那里推销鞋子。

第一个销售员来到非洲，看到那儿的人都打赤脚，他很失望："这些人都打赤脚，怎么会要我的鞋呢？"于是带着满脸的沮丧而回。

不久，另一个销售员也来到非洲推销鞋子，当他看见那儿的人都打赤脚，惊喜万分地叫道："这儿的人都不穿皮鞋，这鞋子市场太大啦。"

随后，他开始在这个地方开展鞋子的推广工作，想方设法让非洲人购买鞋子。最后，他赚了个盆满钵满。

在这个案例中，第一个销售员灰心失望，不战而败；而第二个销售员满怀信心，大获全胜。在这里，推销技巧和能力已经不重要了，重要的是有没有一个积极面对的心态。看似不可能的事，当你用积极的心态去对待，往往会得到成功的结果。

积极的心态是销售成功的起点，是生命的阳光和雨露，让人的心灵成为一只勇敢翱翔的雄鹰。消极的心态是销售失败的源泉，是生命的慢性杀手，使人受制于自我设置的某种阴影之中。销售员选择了积极的心态，就等于选择了成功的希望；选择了消极的心态，就注定要陷入失败的沼泽。如果你想成为优秀的销售员，想把美梦变成现实，就必须摒弃这种扼杀你潜能、摧毁你希望的消极心态。销售给了我们学习和展示的机会与平台，让我们能有良好的发展空间，我们有什么理由不放下一切，端正心态，去面对工作，去面对人生呢？请放下消极的心态，用积极主动的态度去面对生活和工作。

【实战点拨】

实践表明，销售员拥有积极的心态，有利于激发客户采取购买行为。商品能不能卖得出去，不仅仅在于商品的品质，还在于销售员有没有积极的心态。心态将直接决定销售事业的成败。所以对销售员来讲，培养积极的心态是非常重要的。因为销售就是一项与失败打交道的工作，销售员必须修炼出积极的心态，才能在失败面前不气馁，在冷遇面前不灰心。也许有些人的积极心态是天生的，他们注定会成功；而有些人却不得不去学习掌握这种积极心态，使自己逐步走向成功。许多人认识到了自身的缺陷，却苦于无头绪，下面的一些方法可以教你培养自己的积极心态。

1. 保持充足的信心，看好销售前景

保持充足的信心，体现在三个方面：一是对产品有信心，二是对自己有信心，三是对市场有信心。相信产品质量，相信自己有能力将产品推销出去，相信客户需要自己的产品。只有相信才会有激情推销产品。

2. 培养积极心态就要有坚强意志

有研究表明：销售员在推销时，通常要面对50次以上的"不需要""没预算""不喜欢""太贵"等的拒绝，才会产生一位准客户。你若是没有坚强的意志，是很容易被击垮的。虽然技巧能提高我们的成功率，但却仍然是远低于棒球选手30%的胜率。

作为销售员，第一个意志力的考验就是不管多么艰辛，你一定要有坚定的信念，达成三成以上的业绩是由老客户介绍而来的最低目标。当你的客户数越多，你的推销工作就越顺利，所以你必须坚持。

意志力的第二个挑战是销售员必须鞭策自己切实地执行你每日的推销计划，对于自己每天已计划要做多少新客户拜访、几位准客户回访，打多少预约电话，绝不为自己找理由拖延。因为专业与非专业的差别就在每天计划的执行程度，所以，销售员还是要坚持。

3. 用平常心看待失败

销售员必须具有平常之心，这样才能够面对挫折不气馁。每一位客户都有不同的背景，也有不同的性格和处世方式，销售员受到打击时要能够保持平静的心态，要多分析客户，不断调整自己的心态，改进工作方法，使自己能够去面对一切责难。只有这样，才能够克服困难。不因一时的顺利而得意忘形，更不因一次的失败而气馁，始终坚持胜不骄、败不馁的工作作风。

心里有销售目标，努力才会有方向

一个人活在这个世界上如果没有奋斗的目标，就犹如没有舵的孤舟，无论怎样奋力航行、乘风破浪，终究都无法到达彼岸。而心里有了目标，就有了前进的方向。不管你是一名怎样的销售员，如果想取得令人瞩目的销售业绩，就要为自己设立明确的销售目标，并把它大胆地公之于众。顶尖的销售员一定会制订自己的销售目标，那样会更能激发自己的自觉意识，将销售的压力变为动力，不断攻坚克难，直到获得销售的成功。

【实战案例】

吉拉德有这样一个习惯：他把近期要实现的目标都写在纸片上，然后放在随身带的手提公文包里，每天按照纸片的记录去完成一些事。

因此，人们总会看到在吉拉德的手提公文包里装满了写有目标的纸片。当他每实现某个目标，就取出那张纸片做上标记。人们看到，吉拉德一直这样做。他现在已经是公司销售业绩最高，当然，也是收入最高的人了。

很多人向吉拉德请教成功的秘诀，但当人们听了吉拉德的做法时，大都不以为然。

吉拉德有一位朋友是做保险的，和其他人不一样，他非常相信吉拉德的秘诀，因此，试着按照吉拉德的做法，在每个月前，将自己的推销目标写在纸片上放在手提公文包里，然后用最大的努力去实现。

"你获得了什么样的结果呢？"一段时间之后，有人问他。

他回答说："你能相信吗？营业额正好增加了50%。如果没有实行吉拉德教我的方法，我可能仍旧徘徊在公司最低的业绩边缘。他的方法使我拥有了从来没有过的积极态度，我的能力好像提高了不少。总之，我现在的业绩仍在持续增长中。"

吉拉德的成功以及他朋友业绩的增长，仅仅是因为懂得先设定目标，然后努力地去完成它——多么简单的方法呀！可见，成功并没有那么难。如果分析一下各行各业的成功者，可以发现他们都有共同的特点，那就是他们都拥有人生的明确目标规划。他们会为这个目标反复思考，努力实践，直到赢得属于自己的精彩人生。销售员作为公司的一线人员，不可以没有自己的奋斗目标和行动计划，否则销售工作便无从下手。如果是零乱地、漫无目标地走访客户，成功的几率会有多少？结果当然可想而知。

【实战点拨】

目标对销售工作具有向心力，能让销售员每天都保持销售热情。没有正确的目标，亦如无舵之舟，无缰之马，没有正确的目标参照，就不会得到自己想要的结果。所以，对销售员来说，有一个正确的销售目标才是成功的保证。那么，怎么制订销售目标，要注意哪些问题呢？

1. 目标要具体，并具有可衡量性

比如，销售员在设定与客户建立关系的目标时，如果只写"与客户处理好关系"这一句话是不够的。应该与多少客户建立好关系？这些客户中有多少是新客户，多少是老客户？怎样才算处理好了关系？显然，没有明确衡量标准的目标是没有实际指导意义的。

2. 立足实际，具有可执行性

销售目标的制订必须立足于市场实际状况，销售目标的制订要根据本企业的资源状况和市场竞争的资源状况进行综合分析制订。

我们在制订销售目标时，必须充分研究市场的实际状况。销售目标的制订不应该是拍脑子凭感觉的，我们的销售目标一旦制订，就要面对市场，必须充分保证市场的可执行性，没有可执行性的目标，一点价值都没有。

3. 目标越高远，人的进步越大

我们在切合实际设定目标的同时，要注意目标的高远。我们在制订目标时，目标既要高出我们的水平，又要具有可操作性。

4. 将大目标分解，才会容易实现

面对一个巨大的目标，很可能会因为实现这个目标难度太大而放弃。如

果我们能把这个大目标分成一个一个的小目标来实现的话，那么实现这些个小目标就容易很多了。运用目标分解法可以完成看似不可能完成的目标。这种方法能让一个人离成功越来越近。

哲学家柏拉图说："你想过什么样的生活由自己决定。"是的，天底下没有天生的庸人，只有不敢为自己人生规划设想的人。卓越的销售业绩是自己设计的结果，只要敢于想象，懂得规划自己，你一定会成为优秀的销售员。

充分相信自己，自信是销售员最大的能量

伟大销售员的显著特征是，他们无不对自己充满极大的信心，他们无不相信自己的力量，他们无不对自己的未来充满信心。而那些没有做出多少成绩的销售员的显著特征则是缺乏信心，正是这种信心的丧失使得他们卑微怯懦、唯唯诺诺。所以，要想做好销售，必须对自己有信心。

【实战案例】

基安勒是美国最著名的推销大师之一，他曾一度改写了推销史上的吉尼斯世界纪录。

基安勒随父母移居到美国，在当时的美国，像他们这样贫穷的移民，地位低下，根本得不到应有的尊重。少年时的基安勒时常遭受其他孩子的欺负，因此，痛苦和自卑的情绪一直笼罩着他。

有一天，他忍不住大声质问父亲："为什么我们会这么穷？"

父亲则对他说："这就是命呀孩子，我们这一辈子能这样就很不错了。"

父亲的话让他很沮丧，他不知道自己的出路在哪儿，他因此陷入了深深的苦闷之中。

幸运的是，他得到了母亲的鼓励。当母亲看到他天天无精打采的样子，就鼓励他说："基安勒，你要永远记住，你在我的心里是第一，没人能比得上你；在这个世界上，你是独一无二的。"母亲的话让基安勒看到了自己在世界上的位置——独一无二，从此，他认定自己就是第一，没人比得上他。

第一次去应聘时，基安勒没有准备自己的名片和简历，而是装了一张扑克牌——黑桃A。在很多地方，黑桃A代表了最大和最强。

当面试他的老总收到这张扑克牌的时候，直盯着他的眼睛问道："你怎么给我一张黑桃A？"

"没错。因为我就是黑桃A！"他坚定地说。

"你为什么就是黑桃A？"老总问。

"因为黑桃A代表第一，而我刚好是第一。"基安勒自信地说。

老总笑了。他被录用了。

后来，基安勒成功了，而且是真正的世界第一。他一年推销1425辆车，刷新了吉尼斯世界纪录。

基安勒能够从一个默默无闻的穷小子一跃而成为推销大师，秘诀就在于他每天都会告诉自己说："我是第一，我是第一。"长期的这种鼓舞性的暗示坚定了他的信念和勇气。他的个性由此得到强化，并逐步成熟起来。自信贯穿于他的事业，奠定了他成功的基础。

【实战点拨】

要成为一名优秀的销售员，首先要坚持对自己有信心。如果连自己都没有信心，连自己都说服不了自己，又怎么能说服客户、感染客户来购买你的产品呢？自信是销售员所必须具备的，也是最不可缺少的一种心态。可是如何才能在客户面前表现出你的自信呢？这里提供几种方法参考。

1. 经常关注自己的优点和成就

全面而深入地了解自己的各个方面，包括个性、兴趣、特长、知识水平、实际能力、价值观念及以往的成功经验和失败教训等。然后，对自己的各个方面进行分析、比较、判断，弄清自己的长处和短处、优势和弱势、稳定因素和非稳定因素、现实方面和潜在方面等等，并将这些方面同自己的推销工作联系起来综合考虑、全面衡量，做出正确、客观的自我评价。

然后，总结自己的优点和成就，把它们列出来，写在纸上。至少写出5个优点和5项成就。对着这张纸条，经常看看、想想。在从事各种活动时，想想自己的优点，并告诉自己曾经有过什么成就。这叫"自信的蔓延效应"。这一效应对提升自己的自信效果很好。

2. 多与自信的人接触和来往

"近朱者赤，近墨者黑。"你若常和悲观失望的人在一起，你也将会萎靡不振。若经常与胸怀宽广、自信心强的人接触，你一定也会成为这样的人。多与有志向、有信心的人交朋友吧。

3. 自我心理暗示，不断对自己进行正面心理强化

当你碰到销售困难时，一定不要放弃。要坚持对自己说："我能行！""我很棒！""我能做得更好！"等等。你重复对自己念叨有信心的词语，是一种很重要的自我正面心理暗示，有利于不断提升自己对销售的自信心。

4. 要克服自卑心理和畏惧情绪

缺乏自信的销售新人，要么是自卑心理很重，认为自己什么都不行，甚至觉得自己根本不适合做销售工作；要么就是有畏惧情绪，"怕"字当头，怕销售干不好，怕客户拒绝，怕商品卖不出去。自卑感和畏惧情绪严重阻碍自信心的确立，应该加以消除。一名优秀的销售员，内心永远没有失败的阴影，只有充分的自信和必胜的信念。

乔·吉拉德说："信心是推销胜利的法宝。"自信是成功卖出商品的第一秘诀。要使自己成为一名合格的和卓有成效的从事推销业的卖家，就要努力做到：相信自己能够胜任推销工作，相信自己能够说服客户购买商品，相信自己能够战胜推销活动中的各种困难，无论顺境还是逆境始终对推销事业充满必胜的信心。

有颗勇敢的心,在不断的挑战中进取

如果做出一点成绩就满足了,那么你只会平庸一辈子。很难想象一个思想平庸、不思进取的人会建立不朽的功业。在心理学上,积极进取和满足现状是相对应的,一个容易满足的人很容易失去前进的动力,他的事业也就停滞不前了。销售是勇敢者才能做好的工作,只有拥有无论如何也要完成的勇气,才能够说服更多的客户购买产品,达到自己的目标。

【实战案例】

被吉尼斯世界纪录大全称为"全世界最伟大的销售员"乔·吉拉德是这样说的:"要在挑战中实现梦想,体现价值。"

刚做汽车销售这行时,吉拉德只是公司42名普通的销售员之一。销售工作会时时面对很多不确定的困难,与他共事的那些销售员,他有一半不认识,因为没有业绩薪水就会少得可怜,所以人员流动频繁。

尽管业绩不是很好,但乔·吉拉德还是挺了过来,同事都换了好几茬了,他依然在做销售。

或许看到他坚持下来了,公司准备派他到一个新的地区去开拓市场。这时,吉拉德犹豫了:是在原来的岗位上稳扎稳打,还是去挑战也许是没有任何结果的未来呢?

真正的勇士是敢于接受挑战的!经过权衡,乔·吉拉德毅然接受了这个异常困难的任务,去为公司开拓新的市场。

选择容易做出,局面却难以打开。面对新的市场,乔·吉拉德在第一个月没有卖掉一辆汽车。

他也试着放弃过,他曾对上司说:"让我在这儿推销汽车简直太难了。"

上司告诉他："要是没有困难，我们怎么会派你去呢？你既然接受了这个挑战，就应该有信心做好。"

于是，乔·吉拉德不再畏缩不前，他坚持着。

这回，乔·吉拉德取得了巨大的成功。在他不懈的努力下，市场给了他丰厚的回报。

后来，吉拉德以无人能匹敌的销售业绩被载入吉尼斯世界纪录，他被誉为"全世界最伟大的销售员"。

吉拉德之所以成为"全世界最伟大的销售员"，关键在于他明白，销售行业就是一个需要勇气、不断挑战自我的工作。如果害怕挑战，那就不可能成功。一位成功的销售员，应该具备一股鞭策自己、鼓励自己的内动力。只有这样，才能在大多数人因胆怯而裹足不前的时候，或者在许多人根本不敢参与的场合下大胆向前，向销售的更高境界推进。正是这种凭着过人的勇气、自信和上进心，凭着鞭策鼓励自己的内动力和克服害怕遭人白眼、被拒绝的"心魔"而勇敢地去向陌生人销售自己的产品，才能获得销售的成功。

【实战点拨】

毫无疑问，勇气是由自信心孕育出来的，而勇气的最大敌人，就是那些来自于你内心的恐惧、担心、顾虑。西方一位思想家曾说："如果你充满勇气前进，全世界都会为你让路。"作为一名销售员，如果能激发出自己的勇气，就会创造出骄人的业绩。所以，优秀的销售员总会有颗勇敢的心，在不断挑战中成功。

1. 具备敢闯敢拼的精神

正如爱迪生所说："不要试图用语言证明你是什么样的人，你是否有成就在于你是否有行动的习惯：一种是畏首畏尾，它决定了你永远没有成功的机会；另一种是敢闯敢拼，它注定你脚下的路必然通向罗马。"优秀的销售员往往"明知山有虎，偏向虎山行"，他们敢于放手一搏，敢于做决定，所以他们能够掌握销售的主动权，让销售业绩一路高歌。

2. 在逆境中成长

"幸运固然令人羡慕，但战胜逆境则令人敬佩。"这是塞涅卡模仿斯多葛派哲学讲的一句名言。无数的事实证明，销售的成功，往往都是销售员在对逆境的征服中出现的。所以，在挫折面前，我们不要被吓倒，应该直面挫折，把它当作是成功对我们的考验，坚强地继续走下去，那么，挫折就会成为一笔可贵的财富，成为你成功销售的垫脚石。

3. 不抛弃、不放弃，坚守信念就能成功

凡事都不会在决定放弃努力之前真正结束，销售也是如此。如果你有99%想要成功的欲望，却有1%想要放弃的念头，都会与成功无缘。轻言放弃是意志的地牢，它让意志跑进里面躲藏起来，并企图在里面隐居。只有打破思维的禁区，勇于突破和发展，才能给推销行为带来累累硕果。

4. 敢于尝试新方法

销售有方法，但绝不局限于一种方法。作为销售员，不能被经验迷惑，不能被权威误导，不能被规则束缚，要勇敢地张开你思想的双翼，向左、向右、向上、向下，不断地飞翔，总有一个绝佳的方法在某个角落等待你去察觉，让你打开销售的大门。只要你不断创新，尝试新方法，开创新规则，就一定能突破人生的瓶颈，迎来灿烂的未来！

恐惧常常会使人产生一种消极心理，它会时常压迫着人们。记住，人生中没有人会告诉你什么时候是关键时刻，所以你应该把握当下：这个任务很艰巨，那么我就要告诉自己勇敢些，坚定些，大胆地迎上去；而不是在谨慎的幌子下，三思而不行动，从而错失良机。这样的谨慎不是缜密的思考，而是举棋不定，犹豫不决，是不敢勇往直前的借口！在它的掩护下，诞生的只能是庸才和懦夫，绝不会是一个成功的人！

销售实战能力训练与提升

（一）销售心理学小课堂

主题：优秀销售员应该具备的心理素质

1. 英国心理学家的归纳

（1）适应性强。

（2）具有良好的记忆力。

（3）具有广泛的知识。

（4）具有高雅的行为。

（5）具有魅力的举止。

（6）具有严谨的礼貌。

（7）悟性优良。

（8）具有坚强的忍耐力。

（9）谈吐有分寸，流利动听。

（10）予人以良好的印象或好感。

（11）具有敏锐的观察力和独到的见地。

2. 美国心理学家的归纳

（1）对公司竭尽忠心地服务。

（2）具有良好的道德习惯。

（3）具有识别别人的能力。

（4）具有幽默感。

（5）具有良好的判断力和常识。

（6）对客户的要求感兴趣，予以满足并出于真诚地对客户关心。

（7）悟性甚优。

（8）能以动听的言语说服客户。

（9）机敏善变，可随机应变。

（10）忍耐力强，精力充足，勤勉过人。

（11）见人所爱，满足其所需。

（12）有独具慧眼的尖锐见地。

（13）富有创造性，持乐观态度。

（14）能记住客户的面貌及名字。

3. 本书作者的归纳

（1）做自己情绪的主人。销售员日复一日单调的工作环境、捉摸不定的客户、变化无常的市场、精明能干的竞争者……这些因素都在压抑着原本就紧张不安的销售员，只有做自己情绪的主人才能保持工作热情。

（2）信心。积极的心态来源于信心，销售员只有对自己充满信心，对自己所在公司和所销售的产品信心十足，才会在销售工作中积极地争取、执著地奋斗、勇敢地面对，充满无尽的热情和动力，这就是信心的力量。

（3）忍让。人们在控制自己的情绪方面，容易走极端，要么消极悲观、妄自菲薄，要么盲目自大、自以为是。这些情绪在销售工作中都是要不得的。初涉销售行业的新人务必要学会控制自己的情绪，学会忍让。

（4）好脾气。对于销售员而言，坏脾气偶尔会被看成是魄力与决断的代名词，但是如果不加控制地乱发脾气的话，不仅会使心中的怒火难以化解，还会使事情的局面恶化，严重者还会使群体遭殃。

（5）鼓起勇气，战胜怯场。有研究发现，很多公司每年遭到淘汰的销售员高达40%以上，究其原因，与销售员缺乏人际交往的勇气有密切关系。

（6）积极乐观。面对推销的失败，不管失败多少回，都能够以积极的心态面对自己的工作，相信自己一定能成功。

（7）有恒心。当销售的过程中遇到挫折时，一定要学会换个角度思考问题，这样往往会使沮丧、绝望的人从中看到希望，"塞翁失马，焉知非福"。

（8）克服恐惧，有"厚脸皮"。在这个世界上，成功的人之所以会成功，是因为他们总在想事物的积极方面，他们总能从黑暗中看到黎明，从失败中看到成功；而失败的人之所以会失败，是因为他们总在思考事物的消极方面，他们从希望中看到的是失望，在顺境中看到的是厄运。

（9）遇到挫折，永不放弃。平庸者跌下去的次数比优秀者多一次，而优秀者站起来的次数比平庸者多一次。销售员要相信，在遇到挫折或困难时，去正视它，并去克服它。即使一时解决不了，只要坚持下去，早晚会成功。

（二）销售实战思考

小兰是一家公司的销售员，准备去一家公司推销产品。当她了解到自己的一个同学在那家公司任职时，就不想去那家公司进行推销活动了。像小兰这样的情况，相信很多销售员可能都经历过。

问题1：假如你是小兰，你会怎么做？

问题2：分析小兰不想去那家公司进行推销活动的心理根源是什么。

参考答案

答案1：有同学在所推销的公司任职，不应该成为推销的阻碍，而应将其视为促成推销的有利形势。因为有熟人，就更容易与客户建立信任度。假如你是小兰，应该主动联系这个同学，请求她为自己的推销行动提供力所能及的帮助。

答案2：小兰不想去那家公司进行推销活动，归根到底是面子上过不去，害怕被拒绝，或者是对自己的工作性质认识得比较悲观，觉得比别人矮一头。

中国有句俗语，人为一张脸，树为一张皮。面子心理是销售员心态中的重要心结，这可能成为销售的障碍。爱面子是一定程度上心理脆弱的表现，是自我保护趋利避害的本能，要克服只能是使内心真正强大起来，只有内心强大了才能坦然面对和接受不完美、不足，也才能敢于面对现实，知道自己该做什么，去把所谓的"丢面子"当作磨砺。销售就是一项要与不同客户接触的工作，那些优秀的销售员在被客户拒绝以后，想到的根本不是毫无意义的面子问题，他会对客户的拒绝原因进行理性分析，争取在下次销售时做得更好。这种健康的心态，不但能立刻改变他的心情，更重要的是能让他在拒绝中成长起来。

第2章 掌握常见消费心理，准确迎合客户需求

人的心理各不相同，但是当个体作为客户的时候，就会凸显出相同的消费心理，如"从众"心理，对价格敏感，想占便宜等。俗话说：知己知彼，百战不殆。销售员在推销过程中，要充分了解不同客户的消费心理，以助生意的成交。

客户注重产品质量，更注重情感需求

根据著名心理学家马斯洛的需求层次理论，人的需求是从生理需求向精神需求发展的。也就是说，人的需求分为生理需求和精神需求两个部分。物质需要是人类最根本、最重要的需要。物质需要既包括天然性需要，也包括不断发展的社会物质生活的需要。精神需要是人类所具有的心理需要，是人对他的智力、道德、审美等方面发展条件需要的反映，如获得知识、提高技能、寻找爱情、社会交际、艺术欣赏、情操陶冶等，属于对观念对象的需要。客户之所以选择某种商品，往往不仅仅是因为生活的需要，更不要认为你给客户提供的商品只要满足他的生活需要就够了。在客户看来，商品不仅要满足自己的生活需要，还要满足自己的情感需求。

【实战案例】

星巴克的扩张速度让《财富》《福布斯》等顶级刊物津津乐道，仅仅二三十年的时间，它就从小作坊变成在39个国家和地区拥有13000多家连锁店的企业。

销售学的第一原理就是满足客户的精神需求。星巴克创始人舒尔茨认为星巴克的产品除了咖啡，还包括咖啡店的体验。于是，他在美国推行了一种全新的"咖啡生活"："客户心中第一个是家，第二个是办公室，而星巴克则介于两者之间。在这里待着，让人感到舒适、安全和家的温馨。"

"舒适、安全和家的温馨"满足的就是客户的精神需求。星巴克的每家小店都有吸引人的经营环境：时尚且雅致，豪华又亲切。进入星巴克，你会感受到空中回旋的音乐在激荡你的心魄。店内经常播放一些爵士乐、美国乡村音乐以及钢琴独奏曲等，正好迎合了那些时尚、新潮、追求前卫的白领阶层。

他们天天承受着巨大的生存压力，十分需要精神安慰，这样的音乐正好起到了这种作用。

煮咖啡的"嘶嘶"声，将咖啡粉从过滤器中敲击下来的"啪啪"声，用金属勺子铲咖啡豆的"沙沙"声，都是客户熟悉的、感到舒服的声音，它们营造出了一种"星巴克格调"。除听觉享受外，还有嗅觉享受……人们每次光顾咖啡店都能得到精神上的放松或情感上的愉悦，有相当多的客户1个月之内会光顾10多次，这是星巴克具有吸引力的最好证明。

客户除了考虑品牌、质量、价位等因素，也非常重视精神上的满足感。对于越高层次需求的满足，他们就会愿意支付越高的费用。当销售员能让客户将商品与某些情感（情绪/感受）相联系，并让他们感到使用商品能满足情感上的需求，或带来某种心理感受的时候，这个商品就会容易被客户接受，会更受消费者喜爱，销售才能得以快速地实现。为此，销售员必须采取相应的销售策略，如通过市场细分、产品形象定位、产品设计与劝说式推销等赋予相同成本的产品更多的附加值，从而推动销售。销售员抓住了客户在购买商品时的情感需求，就等于是多获得了一块打开销售大门的敲门砖。满足了客户的这些需求，消费者的心情愉悦时，销售的成功率就会非常高。我们知道：失败的推销各有各的原因，成功的推销却都只有一个共同点：找对了产品和客户的情感因素，找到了进入客户情感需求的切入点，与客户达成了心理共鸣，有效调动了客户的情感需求。成功的销售着眼于情感、着眼于发现和满足客户需要，从心理需求、情感欲望上，促使客户为自己找到了最好的购买理由，不得不购买，不得不急切地购买，长期购买。

【实战点拨】

物质因素和情感动机都将影响消费者行为，但其作用不一样：物质利益的动因是相似的，它导致的行为也是线性的；而情感满足的动因是多方面的，它导致的行为表现是非线性的，因人、因事、因时而异。现代销售已经从量的需求阶段和质的需求阶段转向了情感需求阶段，这让销售不再是纯粹的金钱交易。本书将情感销售的基本要素分为销售基础、服务期望，由服务接触和服务体验等构成的服务感知、倾听、互动、情感培育。这六大基本要素的有机组合构成了情感销售的基本模式。

对于情感销售，我们要清楚情感销售的基本销售行为，具体表现在：

1. 销售基础

销售基础有两个方面：一是必须有性能可靠、价格合理的产品。可以想象，你有再大的情感力量也不能销售劣质或价格高得离谱的产品。二是需要内部相关资源来支持情感销售。销售基础也是情感销售的起点。主要表现是情感设计、情感商标和情感公关。

2. 服务期望

服务期望指客户在心目中所期望的企业服务应达到的水平。主要表现是情感公关和情感广告。

3. 服务感知

服务感知指客户真实感受到的企业服务水平。主要表现是情感包装和情感服务。

4. 倾听

倾听是指企业能持续地了解客户的需求和对产品的意见，这是走近客户、服务消费者的信息依据。主要表现在情感服务上。

5. 互动

互动是企业要努力让自身被客户充分理解，这样方可彼此包容、相互促进，最终形成亲密伙伴关系。主要表现是情感服务和情感公关。

6. 情感培育

情感培育指针对目标客户和情感发展不同阶段的特点，采取相应的培育措施。

利用从众心理，引导客户抢购商品

一般来说，群体成员的行为，通常具有跟从群体的倾向。表现在购物消费方面，就是随波逐流的从众心理。当有一些人说某商品好的时候，就会有很多人"跟风"前去购买。这些客户的心理是：毕竟大家都在买，产品肯定差不了，即使产品不怎么好，也会在心理上有所安慰，因为上当的也不是自己一个人。

【实战案例】

日本有位著名的企业家，名叫多川博，他因为成功经营婴儿专用的尿布，使公司的年销售额高达70亿日元，并以20%速度递增的辉煌成绩而一跃成为世界闻名的"尿布大王"。

在一个偶然的机会，多川博从一份人口普查表中发现，日本每年出生约250万婴儿，如果每个婴儿用两条尿布，一年就需要500万条。于是，他决定实行尿布专业化生产。

尿布生产出来了，而且是采用新科技、新材料，质量上乘；公司花了大量的精力去宣传产品的优点，希望引起市场的轰动。但是在试卖尿布之初，基本上无人问津，生意十分冷清，几乎到了无法继续经营的地步。

多川博先生万分焦急，经过苦思冥想，他终于想出了一个好办法。他让自己的员工假扮成客户，排成长队来购买自己公司产的尿布，一时间，公司店面门庭若市，几排长长的队伍引起了行人的好奇："这里在卖什么？""什么商品这么畅销，吸引这么多人？"如此，也就营造了一种尿布旺销的热闹氛围，于是吸引了很多从众型的买主。

随着产品不断销售，人们逐步认可了这种尿布，买尿布的人越来越多。后来，多川博公司生产的尿布畅销世界各地。

尿布的畅销就是利用客户的从众心理打开市场的，但前提是尿布的质量好，在被客户购买后得到了认可。因此，销售员在进行销售时，也可以利用客户的从众心理来营造销售氛围，影响人群中的敏感者接受产品，从而达到整个群体都接受产品的目的。

【实战点拨】

如何有效地利用客户的从众心理去实现销售的成功呢？以下几种方式是比较有效的。

1. 名人引导

实际上，客户在消费过程中的从众心理有很多的表现形式，而威望效应就是其中一种。一般来说，当一个人没有主张或者判断力不强的时候，就会依附于别人的意见，特别是一些有威望、有权威的人物的意见。所以，可以请名人、明星甚至是网红来代言产品、做广告，以引起客户的注意和购买。因此，销售员在向客户推销产品的时候，要有意强调名人代言，引导客户购买商品。在销售渠道上，可以利用网红的直播直接向客户推销。

2. 行为引导

我们都见过在大街上发放产品宣传单的情景，仔细观察你就会发现，某人在发传单，如果有一群人从他身边经过，只要有一个人不要他的宣传单，那么其他的人都不会要。但只要有一个人接了他的宣传单，其他人就是你不给他，他也会主动要。在柜台促销中也会遇到这样的情况，如果有一个人买，围观的人大都会买；如果没人买，大家就都不会买。造成这种状况的根本原因就是客户的从众心理，人们在许多情况下，都会看众人的行动而行动。这个时候，销售员要学会利用客户的这种心理，及时抓住个别客户，以引起大多数客户的注意，引导他们购买。

3. 语言引导

销售员可以通过语言暗示，激发客户的从众心理，引导客户购买商品。销售员可以吸引客户的围观，制造热闹的行情，以引来更多客户的参与，从而制造更多的购买机会，销售员可以对客户说："很多人都买了这一款产品，反响很不错的。""小区很多像您这样年纪的大妈都在使用我们的产品。"这样的言辞就巧妙地运用了客户的从众心理，使客户心理上得到一种依靠和安全保障。即使销售员不说，有的客户也会在销售员介绍商品时主动问道："都有谁买了你们的产品？"意思就是说，如果有很多人用，我就考虑考虑。

4. 行家引导

行家引导，又称为权威暗示效应，是指一个人要是地位高，有威信，受人敬重，那他所说的话及所做的事就容易引起别人重视，并让他们相信其正确性，即"人微言轻、人贵言重"。在推销中，权威效应的应用很是广泛。如许多商家在做广告时，往往高薪聘请知名专家教授做形象代言人，或者以有影响的机构认证来突出自己的产品，以达到增加销售量的目的。

生活中的很多人喜欢购买各种名牌产品，因为它们有明星的代言，有权威机构的认证，有社会的广泛认同，这样就可以给购买者带来很大的安全感。当然，销售员也要正确合理地运用这种形式。另外，行家引导要合法合理，而不要贪图眼前的利益弄虚作假欺骗客户，这样必然会带来严重的后果。

客户不一定爱便宜，但一定爱占便宜

每逢节假日或特殊的日子，商场、超市等各大卖场都会不约而同地打出打折促销的旗号，以吸引更多的客户前来消费，而折扣越大的店面前人就越多。很多人明明知道这是商家的一种促销手段，但依然争先恐后地雀跃前往，以求买到比平时便宜的商品，这是为什么？爱占便宜！客户爱的不一定是便宜，但一定爱占便宜。爱占便宜是人的天性，更是客户的习惯性行为，因为客户总是希望以最少的投入（包括时间、精力、金钱等）来获取最大的利益。

【实战案例】

吉姆发现，超市里某知名品牌的洗衣粉正在促销。一袋500克洗衣粉的价格是2.9美元，两袋（组合包装）的价格却是7美元。也就是说，客户一次买两袋还没有买一袋划算。

通过和其他品牌洗衣粉价格进行比较，吉姆判定，一袋的价格是标错了，价格肯定是大于3.5美元的，他立即决定买一袋回家。吉姆相信，用不了多久，单袋的价格就会调整。很多客户的想法和吉姆一样：单袋的价格肯定会提高，要不那两袋捆绑在一起的怎么能是促销呢？于是，不少客户在离开超市时都各自买了一袋洗衣粉回家，有的人甚至买了几袋。

但是，过了一周，价格依然没被改正过来。吉姆后来发现，前来购买的人络绎不绝，大家都认为这是标错的价格，现在购买一袋是占了便宜的。

这下，吉姆彻底明白了，不是一袋的价格标错了，而是两袋的价格故意标高了，就是要让客户产生占便宜的心理，最终使销售量得到增长。

爱占便宜追求的是一种心理满足，而每个人都或多或少具有这种倾向，唯一的区别就是占便宜心理的程度深浅。我们所说的爱占便宜的人通常是指占便宜心理比较严重的那部分人。销售过程中，遇到的这类客户不在少数，他们最大的购买动机就是占到了便宜。所以，要牢记销售的原则：一定是能够帮到客户，既要满足客户的心理需求，又要确保客户得到实惠。这样才能避免客户在知道真相后气愤和受伤，才能保持与客户长久的合作关系，实现共赢。

【实战点拨】

客户要的不是便宜，而是要感到占了便宜。客户有了占到便宜的感觉，就容易接受你推销的产品。精明的销售员总能找出借口卖出东西并让客户觉得占了便宜。销售员怎么做才能让客户觉得占了便宜呢？

1. 赠礼品

虽然每位客户都有占便宜的心理，但同时又都有一种"无功不受禄"的心理。所以精明的销售员总是能利用人们的这两种心理，在未做生意或者生意刚刚开始的时候拉拢一下客户，送客户一些精致的礼品，以此来提高双方合作的可能性。赠礼品不过是一种手段，说到底是用一些小利益换来大客户，你还是有赚头的，所以商场里经常有"买就送""大酬宾"等活动。

2. 甩卖

客户一听到甩卖，很快就会联想到商品是以低廉的价格在出售，加上每位客户都有占便宜的心理，这样的宣传，很容易激发客户的购买欲望。其实，聪明的销售员只不过把"甩卖"当作活动标语，表面上是清理库存，将商品明显低于原来售价的价格大量出售，但实际上是促销的一种手段。

3. 优惠活动

优惠就是给客户一定的好处，如发放优惠券、让价等。优惠是推动销售最有效的方式之一，所以优惠政策就是你抓住客户心理的一种推销方法。大多数客户都只看你给出的优惠是多少，然后与你的竞争对手做比较。如果你没有让客户觉得得到优惠，客户可能就会离你而去。所以你不仅要注重商品的质量，还要注意满足客户这种想要优惠的心理需求。

除了上述几种方式外，还有很多促销方式，这里就不一一赘述。这些方法没有新奇之处，甚至是由来已久的推销手段，之所以屡试不爽，就是因为它们很好地迎合了客户占了便宜的心理。销售员在推销的过程中，无论是使用哪种方式进行促销，产品的质量一定要过硬，一定要是真正地让利给客户，这样，才能将这些促销手段可持续地运用到产品的推销活动中。

客户喜欢稀缺商品，那就"饿"一下他们

新的苹果手机上市的时候，面对全球最大的中国大陆市场，苹果手机销售商往往是延迟发售，中国大陆的"果粉"往往是要经过一段时间的等待之后才能买到。苹果手机销售商之所以这样做，是运用了一种名为"饥饿销售"的促销手段：将新的苹果手机变成"稀缺商品"，而"稀缺商品"对客户有着巨大的吸引力。当苹果手机销售商吊足了中国大陆"果粉"的胃口后再发售，会带动更多的客户抢购。

制造稀缺假象的目的就是给客户传达这样一个信号：商品供不应求，或者所剩商品不多，过了这个村就没这个店了。这个方法能促使客户快速下定决心购买，这是利用客户喜欢短缺商品的心理进行销售。

【实战案例】

小聂是阿依莲的热衷粉丝，凡是阿依莲的新款，只要是她喜欢的，她都会想方设法地把它买回来。

有一次，阿依莲的夏装推出了一款紫色的新裙子，小聂在宣传单上一眼就看中了，于是她立刻跑到附近阿依莲的专卖店，问店家还有没有这款裙子，可惜的是，店家早就卖完了。但是小聂没有死心，她继续跑了另两家店，可

是这两家店都没有这款裙子。

于是小聂只好把眼光瞄准网上，因为她也是一位网上购物好手。在××网上，小聂好不容易搜到这款裙子，在长沙的一家店铺里有2件，尺码也适合自己。于是她马上联系卖家，但是卖家在网上标出的价格很贵。

小聂希望卖家便宜一点，但卖家对她说：这款紫色裙子全网可能只是他家有货，而且卖得很快，昨天还有5条，不到一天就卖出了3条。如果小聂再不下订单，可能有钱也买不到了。

小聂试着去搜别的店铺，果然没有哪家网店卖这款裙子。

无奈之下，小聂只有接受了卖家的这个价格下了单。3天后，小聂如愿以偿地穿上了这款裙子。

很多客户有怕买不到的心理，常对越是得不到、买不到的东西，越想得到它、买到它。卖家就是利用了小聂错过后会产生遗憾的心理，来促成客户立即下单购买。

【实战点拨】

当销售员向客户强调产品稀缺时，客户就会产生一种现在若不买就会蒙受损失的心理，这种心理会促使客户立即采取行动来避免损失，哪怕他们对产品本身的购买欲望并没有达到十分强烈的程度。这样，销售员就能够很容易并尽快达到目的了。

1. 对商品数量的限制

在我们的现实生活中，有很多人喜爱收藏古董，而那些古董之所以价值连城，主要就是因为它们"罕见"。如果类似的古董到处都能买到，人们也就不觉得稀奇了，那么它们也就不值钱了。销售员在销售商品时也可以利用这种人性的心理弱点来提升产品的价值和缩短客户的决策时间。

例如，一名百货公司的销售员在向客户推销的时候，总是能够巧妙地运用短缺原理来促使客户尽快做出决定。即使面对的客户不同，推销的商品各异，他也总能取得不错的业绩。他总是和客户这样说："先生，这种引擎的敞篷车在本地不超过10辆，而且厂里面已经限量生产了，错过了这次机会，以后想买，恐怕不太容易了。""这种厨具就剩最后两套了，而另一套您是不会选择的，因为它的颜色不适合您，所以这套厨具非您莫属。""您也许应该考虑多买一些，最近这种商品十分畅销，工厂里已经积压了一大堆订单，我不敢保证您下次来的时候还会有货。"这样的说辞无疑是十分有效的，数量有限的信息确实能对客户的购买决策产生有效的影响。客户在其影响下，为了使自己不因买不到而后悔，总是会果断地做出选择。先将自己喜欢的商品占为己有，这样才能够安心。

2. 对销售时间的限制

客户之所以在决定购买产品前犹豫不决，就是产品"还有的是"的意识在作怪——还有更好的、还有时间、说不定下一次更好等等，要让客户快速下定决心，打消客户心中"还有的是"的念头，可以告诉客户：这款产品只销售两周的时间，过后就转到其他卖场或其他城市销售了，以增加时间的紧迫感。一旦客户意识到自己的拖延或期待毫无意义时，他就会如我们所愿，早下购买的决心。

客户追求物超所值，不妨在价格上做好文章

市场竞争越来越激烈，客户对商品越来越挑剔、要求越来越苛刻，总要货比三家、千挑万选。商家若不下足力气，就很难留住消费者的心。在购买行为中，客户做出购买决定并不完全是因为产品本身的价值有多高，对产品价值的判定是其购买产品的重要依据。当客户感到某一产品物超所值时，就比较容易做出购买决定。

【实战案例】

某软件公司的销售员向北京一家贸易公司财务主管推销一款财务软件。这款软件定价为3600元，主管觉得价格有点高，一直为是否购买而犹豫不决。

看到这种情况，销售员决定为这位主管算一笔账。他问主管："×经理，对账费时间吧？不知道您这边是经常需要对账呢，还是偶尔才需要对一次账呢？"

主管表示，由于这家贸易公司是大型卖场和生产厂商的中间商，需要在财务上每天与卖场及生产厂商进行核账，一天起码有3个小时用在核账上面。主管对此很苦恼。

于是销售员乘机说："我们这款软件的授权使用时间是10年，大约3650天，平均下来每天的成本不到1元钱。这1元的成本对公司来说几乎可以忽略不计，而对您的意义可就大为不同了——它可以让您每天空出3个小时的时间。您觉得值不值？"

主管觉得有道理，等销售员的话音刚落，他就决定购买一套。

从销售技巧上来看，案例中的销售员最后使客户欣然接受了这款软件的价格，是因为巧妙地运用了"除法原则"。销售员将财务软件3600元的价格分解为每天1元的成本，使客户在心理上觉得价格足够便宜。从消费者心理学上来看，销售员的销售技巧使主管产生了一种物超所值的感觉。花1元钱就能换来3个小时的空闲时间，天底下哪还有这么超值的事？所以，客户觉得物超所值，自然会很快地做出购买的决定。

【实战点拨】

很多客户会从产品的价格去衡量买了产品是不是划算、是不是物超所值。如果客户感到一家的产品价格比较低，那么这个产品就有竞争力。为了保持长久的市场竞争力，就要让客户觉得当前的选择就是最划算的。因此，优秀的销售员一定要在商品价格上多做文章，通过抓住让消费者心动的关键点，使消费者在心理上产生物超所值的愉悦感和满足感，从而使自己获得销售机会。那么，如何利用客户的这种心理在价格上做文章去推动销售工作呢？

1.给客户以物有所值的印象

让客户感觉物超所值，牵涉到一个重要概念：客户价值。客户价值是以消费者的感知为出发点的概念，它是指客户从购买的产品或服务中获得的全部感知利益与为获得该产品或服务所付出的全部感知成本之间的差额。如果感知利益等于感知成本，则是"物有所值"；如果感知利益高于感知成本，则是"物超所值";如果感知利益低于感知成本,则是"物所不值"。

2. 留出让价空间

在商品推销中,价格是一个非常敏感的因素,合理的价格能够让客户顺利地接受你所推销的产品。当然,在现阶段的市场经济条件下,将价格固定不变也是不可能做到的,因此应当在销售过程当中预留出适当的价位变化空间,以便销售员与客户谈判时有较大的让价空间,让客户觉得物超所值。

3. 合理定价

合理定价就是让客户感到经营者的定价是经过认真核算的,不必凑成整数,因而对商品的价格产生一种信任感。

4. 给客户以价格偏低的印象

9毛9分与1元虽只差1分,但给人的感觉是"不到1元钱"的商品,如果是"1元零1分",那就会给人造成"超过1元钱"的感觉,两者的价格概念,在心理上的差距似乎比实际差距要大得多。很多商品定价也是采取类似的非整数定价原则,来适应价格对客户心理的影响。

客户都有防备心理,最重要的是消除顾虑

在销售的过程中存在着这么一个问题,即客户对销售员大多存有一种不信任的心理。他们认为从销售员那里所获得的有关商品的各种信息,往往不同程度地包含着一些虚假的内容,甚至还会存在一些欺诈的行为。于是,就有很多客户认为销售员的话可听可不听,往往不太在意,甚至抱着逆反的心理与销售员进行争辩。所以,在销售的过程中怎样迅速有效地消除客户的顾虑,对销售员来说是十分重要的。因为聪明的销售员都知道,如果不能够从根本上消除客户的顾虑,交易就很难成功。

【实战案例】

爱德华先生的私家车已经用了很多年了，经常发生故障，他决定换购一辆新车，这一消息被某汽车销售公司得知，于是很多的销售员都来向他推销轿车。

每一个销售员来到爱德华先生这里，都是详细介绍自己公司的轿车性能有多么好，多么适合他这样的公司老板使用，甚至还嘲笑说："您的那台老车已经破烂不堪，不能再使用了，否则有失您的身份。"这样的话无疑让爱德华先生心里特别反感和不悦。

销售员的不断登门，让爱德华先生感到十分烦躁，同时也增加了他的防御心理，心想：哼，这群家伙只是为了推销他们的汽车，还说些不堪入耳的话，我就是不买，我才不会上当受骗呢！

不久又有一名汽车销售员登门造访，爱德华先生心想，不管他怎么说，我也不买他的车，坚决不上当。可是这位销售员只是对爱德华先生说："我看您的这部老车还不错，起码还能再用上一年半载的，现在就换未免有点可惜，我看还是过一阵子再说吧！"

爱德华故意说："我听说在你们的新车里使用了有害的物质，所谓的内饰很环保都是骗人的！"

这位销售员义正词严地回答道："我们公司的产品绝对是无毒无害的。看，这是国家质量鉴定证书、生产许可证、营业执照、获奖证书……并且我们公司的产品已经在市场上销售多年了，在消费者中有着良好的信誉，而且我们是经过国家注册的正规企业，并接受国家有关部门的检查，怎么能是骗人的呢？"说完给爱德华先生留了一张名片就主动离开了。

这位销售员的言行与爱德华先生所想象的完全不同，自己之前的心理防御一下子失去了意义，防备心理也逐渐地消失了。他还是觉得应该给自己换一辆新车，于是一周以后，爱德华先生拨通了这位销售员的电话，并向他定购了一辆新车。

许多客户都怕被骗，面对销售员，他们表现得很谨慎，浑身上下都充满警惕，就怕掉进销售员的"陷阱"。对待这种客户，销售员不要急于求成，你说得越多，客户反而越怀疑，曾经被骗的经历会让他们对眼前的你产生不信任的感觉。你一定要找出他无法接受你推销的产品的真正原因，想办法消除客户的心理障碍。如面对爱德华"骗人"一说，这位销售员没有含糊其词，模棱两可，而是有理有据、清清楚楚地说服了他。

【实战点拨】

现在社会上的骗子很多，许多人深受其害，而骗子的行骗方法可能会仿效销售员的推销方式，客户再看到销售员时就很容易想起被骗的痛苦经历，所以他们认为销售员几乎都是骗子，于是在潜意识中有些排斥销售员。所以，客户往往对销售员心存芥蒂，尤其是一些上门推销的销售员，在他们的心里更是不受欢迎的人。

那么，销售员从哪几个方面入手才能突破客户的心理防备、达到成功销售的目的呢？

1. 详细介绍，用证明赢得信任

"你好，我是××公司××产品的销售员小杨，我们公司地点在××路××大厦××层，我们这款产品的代言明星是……"在向客户推销产品的时候，一定要详细介绍自己、介绍公司和介绍产品的相关情况，引导客户对自己、公司及其产品产生真实可靠的印象。必要的时候，不妨向客户出示个人工作证、身份证以及能证明公司和产品的相关文件。

2. 主动"露短"，用真诚赢得信任

有一部分客户是担心产品的质量或功能，对产品没有足够的信心。此时，销售员不妨直接对客户说出产品的缺点，这比客户自己提出来要好得多。首先，客户会对销售员产生信任感，觉得销售员没有隐瞒产品的缺点，是个诚实的人，这样他就愿意与销售员进一步交流。其次，客户会觉得销售员很了解他，把他想问而未问的问题提出来并回答了，他的疑虑就会减少。最后，销售员主动说出产品的缺点，可以避免与客户发生争论，而且能使销售员与客户的关系由客户的消极防御式变成双方的积极互动式，从而促成交易。

3. 物有所值，用实在赢得信任

销售员在销售的过程当中，要尽自己最大的能力来消除客户的顾虑心理，使他们觉得自己所购买的产品物有所值。首先需要做的就是向客户保证，他们决定购买的动机是非常明智的，钱也会花得很值；而且，购买你的产品是他们在价值、利益等方面做出的最好选择。

在销售过程当中，客户心存防备心理是一个共性问题，若不能正确解决，将会给销售工作带来很大的阻力。所以销售员一定要努力打破这种被动的局面，善于接受并巧妙地化解客户的防备心理，使客户放心地去买自己想要的产品。

销售实战能力训练与提升

（一）销售心理学小课堂

主题1：了解操纵购买行为的主要因素——客户的心理特性

每一位客户在购买行为产生以前，都会存在着某种心理特性——我买这种产品，能满足什么需要？下面几点心理特性是比较普遍的。

1. 客户想要获得什么

想要获得：健康、时间、金钱、安全感、赞赏、舒适、青春与美丽、成就感、自信心、成长与进步、长寿。

2. 客户希望成为什么

希望成为：好的父母，易亲近的、好客的、现代的、有创意的、拥有财富的、对他人有影响力的、有效率的、被认同的人。

3. 客户希望去做什么

希望去做：表达他们的人格特质、保有私人领域、满足好奇心、模仿心、欣赏美好的人或事物、获得他人的情感、不断地改善与进步。

4. 客户希望拥有什么

希望拥有：别人"有"的东西、别人"没有"的东西、比别人"更好"的东西。

无论如何，客户都有"想要"的心理意识，上述四种客户的心理特性是操纵人类购买行为的主要因素。

主题2：了解客户的消费心理

归纳起来，客户的消费心理主要有以下 11 种。

1. 求实心理

这是客户普遍存在的心理动机。他们购物时，首先要求商品必须具备实际的使用价值，讲究实用。有这种动机的客户，在选购商品时，特别重视商品的质量效用，追求朴实大方，经久耐用，而不过分强调外形的新颖、美观、色调、线条及商品的个性特点。

2. 求美心理

爱美之心，人皆有之。有求美心理的人，喜欢追求商品的欣赏价值和艺术价值，以中青年女性和文艺界人士居多，这种心理在经济发达国家的消费者中也较为普遍。他们在挑选商品时，特别注重商品本身的造型美、色彩美，注重商品对身心的美化作用，对环境的装饰作用，以便达到艺术欣赏和精神享受的目的。

3. 求新心理

有的客户购买商品注重时髦和奇特，好赶潮流。这种心理在大中城市中的年轻男女中较为多见，在西方国家的一些消费者身上也常见。

4. 求利心理

这是一种"少花钱多办事"的心理动机，其核心是"廉价"。有求利心理的客户，在选购商品时，往往要对同类商品之间的价格差异进行仔细的比较，还喜欢选购打折或处理商品，具有这种心理动机的人以经济收入较低者为多。当然，也有经济收入较高而勤俭节约的人，精打细算，尽量少花钱。有些希望从购买商品中得到较多利益的客户，对商品的花色、质量很满意，爱不释手，但由于价格较贵，一时下不了购买的决心，会进行讨价还价。

5. 求名心理

这是一种以显示自己的地位和身份为主要目的的购买心理。他们多选购名牌，以此来炫耀自己。具有这种心理的人，存在于社会的各个阶层，尤其是在现代社会中，由于名牌效应的影响，衣食住行选用名牌，不仅提高了生活质量，更是一个人社会地位的体现。

6. 仿效心理

这是一种从众式的购买心理，其核心是"不落后"或"胜过他人"。他们对社会风气和周围环境非常敏感，总想跟着潮流走。有这种心理的客户，购买某种商品，往往不是由于急切的需要，而是为了赶上他人，超过他人，借以求得心理上的满足。

7. 偏好心理

这是一种以满足个人特殊爱好和情趣为目的的购买心理。有偏好心理动机的人，喜欢购买某一类型的商品。例如，有的人爱养花，有的人爱集邮，有的人爱摄影，有的人爱字画等。这种偏好性往往同某种专业、知识、生活情趣等有关。因而偏好性购买心理动机也往往比较理智，指向性也比较明确，具有经常性和持续性的特点。

8. 自尊心理

有这种心理的客户，在购物时，既追求商品的使用价值，又追求精神方面的高雅。他们在购买之前，就希望他的购买行为受到销售员的欢迎和热情友好的接待。经常有这样的情况：有的客户满怀希望地进商店购物，一见销售员的脸冷若冰霜，就会转身而去，到其他的商店去购物了。

9. 疑虑心理

这是一种瞻前顾后的购买心理动机，其核心是怕"吃亏上当"。他们在购物的过程中，对商品的质量、性能、功效持怀疑态度，怕不好使用，怕上当受骗。因此，反复向销售员询问，仔细地检查商品，并非常关心售后服务工作，直到心中的疑虑解除后，才肯掏钱购买。

10. 安全心理

有这种心理的客户对欲购的物品，要求必须能确保安全。尤其像食品、药品、洗涤用品、卫生用品、电器用品和交通工具等，不能出任何问题。因此，他们非常重视食品的保鲜期，药品有无副作用，电器用品有无漏电现象等。在销售员解释、保证后，才能放心地购买。

11. 隐秘心理

有这种心理的客户，其购物行为不愿为他人所知，常常采取"秘密行动"。他们一旦选中某件商品，而周围无旁人观看时，便迅速成交。比如，购买与性有关的商品时常有这种情况；一些知名度很高的名人在购买高档商品时，也有类似情况。

（二）销售实战思考

20世纪40年代美国的八大财团中，摩根财团是名列前茅的"金融大家族"。可老摩根从欧洲漂泊到美国时，却穷得只剩下一条裤子了。后来夫妻俩好不容易才开了一家小杂货店。当客户买鸡蛋时，老摩根由于手指粗大，就让他老婆用纤细的小手去抓鸡蛋，鸡蛋在太太纤细的小手衬托下就显得大一些，摩根杂货店的鸡蛋生意也因此兴旺起来。

问题1：老摩根让太太用她纤细的小手去抓鸡蛋是利用了客户的什么心理？

问题2：为什么了解客户心理能增强销售力？

参考答案

答案1：老摩根针对购买者追求价廉的购买动机，利用人的视觉误差，巧妙地满足了客户求实惠的心理需求。

答案2：俗话说：知己知彼，百战不殆。销售员在推销过程中，充分地了解客户的购买心理，是促成交易的重要因素。客户在成交过程中会产生一系列复杂、微妙的心理活动，包括对商品成交的数量、价格等问题的一些想法及如何与你成交、如何付款、订立什么样的支付条件等。客户的心理对成交的数量甚至交易的成败，都有至关重要的影响。因此，优秀的销售员都懂得对客户的心理予以高度重视。

由于人的购买行为是受一定的购买动机或者多种购买动机支配的，研究这些动机，就是研究购买行为的原因；掌握了购买动机，就好比掌握了扩大销售之门的钥匙。

第3章 破译客户微小动作，及时把握客户心理变化

销售员如果掌握了人的言行举止与心理特征的关系，就可以通过观察客户的言行举止，判断和把握客户的心理特点和变化，自然能在销售活动中占据主动。一个优秀的销售员，往往是一个熟知微表情心理学的专家。一般来说，破译客户的微小动作是把握客户心理变化的关键。

客户不同的笑容，反映不同的心理世界

微笑是全世界最美的语言。在语言不通时，可以用笑来沟通，无须翻译，人人都能感受得到其中的含义。但在销售实战中，客户的笑容十分复杂，笑的内涵也远不是一个"微笑"就可以概括的。微笑是友好、亲切的表示，开怀大笑是高兴心情的释放，还有轻笑、冷笑、苦笑……不同的笑含义各有不同，折射出发笑者不同的心理。销售员可以从客户的笑中揣摩对方的心理，在销售中做到知己知彼，百战不殆。

【实战案例】

一天，装修公司的销售员田苗苗去拜访钱总。和他谈工程装修的报价问题。

"你最近有没有和李副经理联系这事啊？"见面坐定后，钱总问。

"李副经理？"田苗苗心里一下子没转过弯来。她的确没想到过要找李副经理，她一直认为钱总才是负责人。这时，她发现钱总是笑着说这句话的，田苗苗明白了：钱总是在问自己有没有和李副经理接洽过，问的原因不得而知。假如钱总真的需要田苗苗联系李副经理，他不会笑着说。

"没有啊！我想您完全可以代表公司，并且我一直认为您才是这个项目的负责人，我需要听李副经理的意见吗？"田苗苗立马回答。

"李副经理事比较多，这事还是我来负责吧。"钱总的回答印证了田苗苗的猜想。

"我一直都是在麻烦您，那就请您多费心啦。"田苗苗说。

"你们的报价我看到了，感觉有点高。"钱总说。

田苗苗发现，钱总说这句话时，脸上带着少有的轻笑。凭直觉判断，钱总说价高，一定是试探性的。

"因为你们的工程量大,所以我们给予的每项的价格都是比市场价格低的,您说的报价高,不知指哪一项?"田苗苗回答。

钱总咧嘴一笑:"你们能不能在总价上降一些,我的期望值是降10%。"

钱总回答,再次印证了田苗苗的想法,钱总并没有觉得价格高在哪里,而是试探性地砍价。钱总咧嘴一笑,是试图掩藏对"价高"误判的尴尬。

"降10%,那样我们就得贴钱了。我也不瞒您,现在这个行业竞争激烈,对于你们这样的大工程,我们只保留5%利润向客户报价,在施工过程中管理稍有不善,就会消耗掉5%的利润空间。我们也就是想留住这批技术工人。"

"哈哈……"钱总开怀大笑,说道:"反正我也不懂这行,你们的报价,反正是超出了我们的预算。"

从笑声中田苗苗判断,钱总已经接受了自己的报价,于是说道:"我们不会糊弄任何一位客户,况且还是面对钱总您这样的聪明人。价格是透明的,我们这一行,没有多大利。"

"好吧,我信你们,那就这样吧。"钱总说。

不同的笑反映出人的不同心情,也反映出了人的不同性格。笑不仅是一种外在的语言,还是内在心理的外露。田苗苗正是从钱总的笑声中判断出客户对价格的真实想法,从而在沟通中取得主动的。因此,销售员学会从笑中发现客户的心理变化,并施以适当的销售策略,会给销售工作带来很大的帮助。

【实战点拨】

客户发笑的类型有很多,而不同类型的发笑有着不同的含义,表达着客户不同的心理状态。在销售实战中,销售员如何抓住客户瞬间的笑,把握客户笑声的"画外音"呢?

1. 含笑

含笑是一种程度最浅的笑,它不出声,不露齿,仅是面含笑意,意在表示接受对方,待人友善。一般的客户为了表示礼貌,都会含笑对待销售员,即使不喜欢销售员推荐的商品也不至于怒目而视。

2. 微笑

微笑是一种比含笑的程度稍微深一些的笑。它的特点是面部已经有了明显变化：唇部向上移动，略呈弧形，但牙齿不会外露。它是一种典型的自得其乐、充实满足、知心会意、表示友好的笑。客户对销售员报以微笑，说明客户是友好的，易于接近的，特别是一向严肃的客户，如果终于对你报以微笑了，那么成交的可能性就很大了。

3. 轻笑

轻笑比微笑的程度更深。面容进一步发生变化：嘴巴微微张开一些，上齿显露在外，不过仍然不发出声响。它表示欣喜、愉快，多用于会见亲友、向熟人打招呼，或是遇上喜庆之事的时候。轻笑的客户表示他很愿意见到你，或者对你的商品很感兴趣，有愿意接受的心理。

4. 浅笑

浅笑又俗称抿嘴而笑，表现为笑时抿嘴，下唇大多被含于牙齿之中。它多见于年轻女性表示害羞之时。浅笑表示客户说错了话，或者因为某些话题感到不好意思而显示出的一种害羞，这时销售员已经获得客户的好感，被客户所认同。

5. 大笑

大笑，程度很深的一种笑，面容变化十分明显：嘴巴大张，呈现为弧形；上齿下齿都暴露在外，并且张开；口中发出"哈哈哈"的声音，但肢体动作不多。它多见于开心时刻，心情欢快，或是高兴万分。大笑说明客户很尽兴，或者内心充满极大的愉悦，这时销售员适时地提出成交要求，则很可能会获得成功。

6. 苦笑

苦笑，一般出现在遇到比较为难又无法解决的时候，表现了人们内心的一种无奈和痛苦。在与销售员的谈判中，如果销售员给了客户很多的压力或者条件很苛刻，客户一时难以做出决定，就会表现出无奈的苦笑。

这时销售员不能够再给客户施压，否则很可能使交易走向失败，而应该真诚地为客户提供解决问题的方案，帮助客户找到两全其美的方案，解除了客户的无奈和痛苦，才会得到客户的感激和信任。

7. 掩嘴而笑

这种笑往往出现在发现别人犯了不该犯的小错误，或者做出比较怪异的动作、说出不合常理的话时，而偷偷发笑。这种笑并没有嘲讽的意思，而是充满了善意。在销售中，如果销售员的讲解或者认识显得比较肤浅或幼稚时，就会引起客户掩嘴而笑。

这样的客户往往知识比较渊博，思维灵敏，比较大度，富有涵养，在销售员面前会表现出一种优越感和成就感。当发现客户抿嘴偷笑时，销售员不必感到尴尬，可以用幽默的方式进行自我解嘲，反而会让自己显得更可爱，更容易拉近彼此间的心理距离。

8. 皮笑肉不笑

这是一种很轻蔑的笑，表示对别人不屑一顾，或者对别人的观点不敢苟同。大多出现在比较严肃的客户脸上。如果销售员所推荐的商品或者所说的话无法赢得客户的信任时，客户就会报以不以为然的笑。面对客户的这种笑，销售员不必灰心和失望，而应该积极地寻找突破口，改变话题，引起客户的兴趣，并用翔实而有力的证据说明自己商品的信誉度，进而使客户相信并接受自己的观点。

观察客户眉宇：通过"眉语"知"心语"

表示眉宇的词语有很多，如"眉开眼笑""眉飞色舞""喜上眉梢""才下眉头，却上心头"等等都说明眉毛也像语言一样能表情达意，反映人的情绪变化。李白在《上元夫人》一诗中说："眉语两自笑，忽然随风飘。"明确地提出眉语一词。作为一名优秀的销售员，一定要掌握通过"眉语"看懂客户心情的本领。

【实战案例】

一位女士想买一条项链，在珠宝商场转了又转，但不是款式不喜欢，就是价格不合适，总是没有中意的，她有些累了。

当她走到某品牌珠宝商的店里时，已是尽显疲态。这时，一名销售员走过来问女士需要什么，女士只是随便地敷衍了几句。

销售员看到女士眉头紧锁，觉察出她可能是累了。便说："您先坐下来休息一下吧，购物其实也是一个体力活啊！"于是女士坐了下来，销售员又端了一杯水给这位女士。

女士在沙发上喝着水，紧锁的眉头渐渐舒展开来。销售员注意到了这些，便开始问女士有什么需要，看自己能帮着做点什么。

女士告诉销售员，她想买一条项链，为了参加某个重要的聚会，但逛了半天也没看到合适的。

销售员请女士来到一个柜台前，为她推荐了一款项链。

机灵的销售员发现，当女士看到这款项链时立即眉毛上扬，他马上知道：这位女士很喜欢这款项链。

"这是最新款，样式也符合您优雅的气质。"销售员奉上好话。

"我们的品牌就是性价比高，因为广告投入小、成本低，所以价格上稍微低一点儿。虽然没有别的品牌知名度高，但因为是中华老字号，戴上肯定显档次。"销售员接着说道。

这时，女士眉开眼笑，突然，严肃地说："你们给打个折，我就拿着。"

"这是新款，不打折。但是我可以送您一份小礼品。"女士眉开眼笑的表情早就暴露了她要买下项链的决心，聪明的销售员自然在价格上一分不让。

最后，女士不再砍价，高兴地买下了项链。

很多时候，人们可以应用语言之外的其他形式来表达某种情绪和态度，而"眉语"就是体态语中的一种。古人将眉毛称为"七情之虹"，因为它可以表现出不同的情态。通过"眉语"人们不仅能够传达出很多意思，还可以彼此进行交流，比如我们经常说的"挤眉弄眼""眉来眼去""暗送秋波"等就是一种交流，一种暗示。而通过分析对方的眉毛所表达出来的情态，了解对方的意思叫"察眉"。在销售过程中，我们也可以通过"察眉"了解到客户的心理变化，洞察客户心中的真实情感。

【实战点拨】

要掌握"眉语"就要先了解眉态。眉态是"眉语"的主要表现形式。眉态即眉毛的舒展和收缩。销售员可以从眉态的变化来揣测客户内心的变化。

具体来说，眉态有四种基本类型。

1. 扬眉

当一个人扬眉时，双眉会略向外分开，造成眉间皮肤的伸展，使短而垂直的皱纹拉平，同时整个前额的皮肤挤紧向上，造成水平方向的长条皱纹。当一个客户双眉上扬，半抬高时，表明客户非常欣喜或极度惊讶。比如你所销售的产品正是客户渴望买到的产品时，他有一种"踏破铁鞋无觅处"的欣喜，他的眉毛就会扬起。

2. 防护性皱眉

防护性皱眉是为了保护眼睛免受来自外界的伤害。皱眉时，眼睛下面的面颊不自觉地往上挤，眼睛呈半睁开状态，几乎是透过一条缝隙看外界的动向，往往是由于外界的突然攻击导致，比如突遇沙土扬起、阳光照射等，都会做这个皱眉动作。通常人会自然地用手去挡住外部的攻击，以保护眼睛。在销售中，这种情况的皱眉很难遇见，就算出现，一般来说与销售也没有直接关系。

3. 闪眉

闪眉指眉毛先上扬，然后再瞬间下降，像流星划过天际，动作敏捷。眉毛闪动的动作，是表示欢迎的意思。闪眉通常伴随着扬头和微笑。与客户见面时，如果客户表达出这样的"眉语"，就传递出"他欢迎你的到来"的信息。这是个好兆头。

4. 眉毛打结

眉毛打结指眉毛同时上扬，两眉相互接近。这种表情的出现通常是一个人有严重的烦恼和忧虑，有些患慢性病的人，眉毛也呈这种状态。当客户出现这种眉态时，就说明他非常烦恼和忧虑，如果你赶快给出方案，必能引起他的兴趣。

此外，还有很多含义深刻的"眉语"，如眉开眼笑、眉飞色舞表示喜悦或得意的神态；双眉紧蹙表示忧愁不快乐；横眉表示愤怒，如横眉怒目；愁眉苦脸形容发愁苦恼、心事重重等。眉毛的运动形式多种多样，眉态的变化丰富多彩，"眉语"的含义千变万化，只要销售员能准确把握客户的不同"眉语"，就能把握客户的心理，使销售过程顺利完成。

观察客户的手部动作：从手语洞悉客户心理

有研究表明，手势可以反映一个人的情绪。当一个人情绪慷慨激昂时，就会手舞足蹈；义愤填膺时，就会握紧拳头。我们经常会看到这样的画面：两个人面对面地交流时，其中的一人却总是双手交叉着紧紧地抱在胸前。这个手势体现的心理特征是什么呢？心理学家研究后发现，这个姿态表示他对于外界有着一种不确定感，不会轻易地走出自己的世界，而其他人也很难走进他的内心并融入其中。人们出于自我保护心理，会下意识地做出这个动作。

因此，在与人的沟通过程中，除了认真倾听对方所说的话，还要注意观察他的手势，从他的手势中探寻他的真实想法。在销售实战中，当销售员与客户面谈时，可以观察客户的手部动作，来洞悉客户的心理，以此找到销售的突破点。

【实战案例】

一场商业谈判正在进行中。

"6.5折？现款的话，这个折扣太高了，我们一般是八折零售，按您给的折扣，我们就不赚钱了。"在公司市场部办公室，前来洽谈代理业务的胡雷对销售部经理刘军说。

刘军发现，胡雷说完后，扔了手上的烟头，身子朝后一靠，将双臂交叉放在胸前，看着自己。这个微小的动作让刘军觉得，6.5折胡雷不会接受了。

"6.5折，给你留100万元半年的账期怎么样？"刘军说。刘军非常小地退了一步。

"不管走不走账期，6.5折我就没法卖。"胡雷依旧双臂交叉放在胸前，坚定地说。

"这样,我的权限,只能再让2个点,但要现款。"刘军说。

"你这等于没怎么让,刘总。"胡雷说着,松开手臂,伸出手指,做了一个"二"的手势继续说:"让2个点,还要现款,算上银行的利息,等于你寸步没让。"说完双手十指交叉抱在腹部。

看到胡雷手部动作的变化和回答,刘军觉得,折扣基本靠近对方的底线了。

"这个是最低的折扣,你能接受的话,我们就合作,如不能,那就只能等下次有机会再合作了。"刘军觉得,自己应该果断一点了。

"6.3折我们很难做,这样吧,你们给我200万元半年的账期行不行?"果然,胡雷不得不接受这个折扣。

"这个我可以破例向公司申请。"刘军说。

最后,刘军将公司的产品以6.3折的高价位卖给了胡雷。

在这个案例中,刘军从客户的手势分析出如下内容:首先,刘军发现胡雷双臂交叉放在胸前,这个手势语言告诉他:胡雷对自己的报价有着很强的防卫心理,他是不可能接受的。直到自己提出"再让2个点"时,胡雷才改变双臂交叉的姿态,并做出双手十指交叉抱在腹部等一系列的手势,这也让刘军看到了胡雷对自己报价的接受心理,所以,他才敢于在后面的报价中寸步不让。可以说,刘军是通过胡雷手部的变化成功地掌控了胡雷的心理,最终让谈判结果符合自己的意愿。

【实战点拨】

在销售实战中,销售员与客户面谈时,通过观察客户的手部动作,洞悉客户心理也是必修课之一。一般来说,客户的手部动作主要有以下几类。

1. 双臂交叉放在胸前

客户把双臂交叉放在胸前,在整体印象上,你会觉得他是一个傲慢、自视甚高的人。事实上,采取这种姿势的客户大多也的确如此,至少在你面前是这样。

不过,如果客户是在你的办公室和你谈生意,他的这种姿势则不一定是傲慢的表示,更多的是一种防御的本能,一种对安全的需要。因为人在陌生的环境里，总会感到一点不习惯。为此，你要营造温馨、轻松的沟通氛围：你给客户倒上一杯热茶，就足以让他感到温暖。接着你会发现他的姿势改变了，配合程度更高了。如果他不喝，你可以这样添上一句："我这可是上好的毛尖，从安徽带来的，尝尝，喜欢喝茶吗？"通常客户一定不好意思再拒绝下去。

2. 比比画画或紧握拳头

有的客户天性比较容易激动，他们特别喜欢用手势来强化自己的语言表达；有的客户则喜欢紧握拳头，表示他心情激动。当客户出现这些手部动作时，销售员要审时度势。

如果客户的激动，有助于你的销售，比如你给他提了某个问题，触动到他的痛处，你不妨让他尽情表达，当他痛苦到一定程度，非常渴望解决问题，而你的产品又正好可以解决他的问题时，你要及时地将产品推荐给他，达到推进销售的目的。比如你是个汽车销售员，如果客户手舞足蹈地讲述自己的车总是出故障，你就要及时强化新车的优点。

3. 双手不停做着小动作

在销售面谈中，如果面谈进行了一段时间，认真听你讲述的客户，手部突然出现了很多小动作，比如他双手食指分开，一对一做着互相按压的动作，就证明，他感到有些累了，在考虑是成交还是拒绝。因为人在心理上放松下来，生理上就会感到疲惫。他按压手指就是为了缓解疲惫，同时也给出了想结束面谈的信号。

4. 双手摩擦

行为心理学研究，人的两手掌相互摩擦表达的是一种积极期待的意思。比如，主持人摩擦手掌，是等待可以及时走上舞台报幕；刚刚得到一个大单的销售员走进老板的办公室，摩擦手掌，是希望老板听到这个喜讯后，给自己一个表扬。

当你的客户出现这个动作时，就表明他已经产生了需求的期望。如果他双手摩擦得比较慢，就证明他心存疑虑，犹豫不决；如果他摩擦得比较快，则表明他急切地想成交。这种动作在节假日，人们排队买火车票时，表现得最明显。

5. 用手摸摸嘴巴

用手摸摸嘴巴，说明客户在撒谎。当客户对产品提出异议时，如何判断他是真有意见，还是故意嫌弃的一个检测手段就是看他有没有用手摸嘴巴的动作。这个原理和客户用手摸鼻子来表达撒谎的行为心理学基础是一样的。

眼睛是心灵的窗户：眼神暴露客户的心神

"眼睛是心灵的窗户"，从一个人的眼神可以看出他的心理。一个人说出来的话可能是假的，而一个人的眼神则是无法伪装的。因此我们可以从一个人的眼神中看到其内心深处最真实的东西。

【实战案例】

保险销售员周澜敲开了一家客户的门，一位中年妇女打开门，一看是一个陌生女子站在门口，用戒备的眼神看着她，问道："有什么事？"

周澜赶忙递上自己的名片，并将自己的业务进行了简单的介绍。女主人一直以怀疑的眼神看着她，虽然她没有说什么，但周澜知道，客户对自己的戒心很重，要想办法消除客户的疑心。于是说："在这个小区里已经有很多客户买了保险，因为我们推出一种新的业务，很适合您这样的家庭。哦，对了，前几天您楼下的张太太刚买了一份，您也可以向她咨询一下。今天来，也是她介绍的，就是看您有没有这样的需求。"

听周澜这样说，女主人的眼神柔和了很多。这时，周澜不失时机地请求道："我可以进屋吗？"

"当然可以。"女主人将周澜让进了屋里。

看到女主人的眼神变得柔和而友好，周澜也放松了很多。随后，周澜和女主人拉起了家常。女主人很健谈，她和周澜讲起了自己的事情：老家是四川的，二十多岁来北京做服装生意，并认识了现在的老公。他们现在有3家服装店，都由老公打理，自己在家做全职太太……

女主人说到家事，从她发亮的眼神中，周澜能感受到女主人内心的幸福感十足。看到女主人正在兴头上，周澜说："你们是成功的北漂一族啦，不知道我们的产品能不能为你们一家的生活锦上添花。"

"其实，我也想买些合适的险种，给家人多些保障。"女主人说。

最后，经过周澜的说服和争取，女主人终于决定购买保险。

由眼及心，通过这扇心灵的窗户，我们可以看见窗户里面的情景。周澜是看女主人的眼色行事，重视女主人的感觉和反应，从中获得关于女主人内心情感的准确信息，获得女主人的信任，使销售按照自己的设想进行。所以，销售员一定要学会察言观色，从客户的眼神中看出客户的心理，并随机应变，化解客户的疑虑和抵制，换取客户的真诚相待而最终达到成功推销的目的。

【实战点拨】

在销售中，销售员会遇到形形色色的客户，难免会遭到客户的冷眼，当然也会得到客户理解的眼神、支持的眼神、鼓励的眼神、称赞的眼神。一般地，在销售中，客户的眼神有以下几种类型。

1. 柔和友好型

这样的客户是善良的、真诚的，对人很少有戒心。在面对销售员时会眉眼含笑，嘴角也有笑意，表现出对人的热情和好感。这样的客户是销售员喜欢遇见的，即使生意不成，也会带着愉快的心情离开。

2. 怀疑型

大多数人对待销售员充满了怀疑，因此看销售员的眼神也会充满不信任。客户在购买商品时总是比较谨慎的，如果销售员提供的信息没有足够的说服力就会引起客户的怀疑。客户的眉头就会微皱，眼睛的瞳孔变小，眼睛里透露出迟疑的神情。

3. 好奇型

如果销售员的商品有很多有趣的地方，这时客户的眼睛会睁大，眼皮抬高，盯着销售员或者商品仔细地看，表现出很大的兴趣。有些商品有着奇特的功能，在制作工艺上很有技巧性，如果客户之前没有见过这样的商品，就会为商品的奇特性所吸引，并表现出惊讶的眼神，嘴巴也会微微张开。此时，如果销售员能够有效地进行引导，是可以促使客户购买的。

4. 沉静型

这些人的眼神总是保持自然状态，眼皮不动，冷静地看着销售员，这说明销售员的商品或者话题对客户来说不足为奇，无法引起客户的兴趣。这样的客户一般是见多识广，很有主见，而且很沉着，不会被销售员华丽的说辞所迷惑。对待这样的客户，用真诚的服务和优良的商品品质来打动他们是最实际的。

眼神可以传递出很多客户内心深处的信息，善于观察客户的眼睛，发现客户的内心，对销售工作的顺利开展是很有帮助的。

坐相就是心相：坐姿变化预示心理变化

在销售过程中，如果不能发现客户的真实心理，不顾及客户的感受，推销是很容易失败的。一般来说，客户坐姿中透露出来的信息，足以让销售员窥见其心理活动了。按照客户心理采取销售策略，才会使推销顺利进行，并向着成交的方向发展，最终获得成功。销售员要善于从客户的坐姿中发现有价值的信息，为自己的销售提供指导，摸准客户的内心，增加成交的可能，提高销售的效率。

【实战案例】

孙业成是一位保险销售员，一次他去面见客户。孙业成被请进屋子后，客户就瘫坐在沙发上。

孙业成明白，客户瘫坐在沙发上听自己介绍，要么是客户累了，要么是他对自己的产品没有兴趣，在应付自己。于是孙业成在聊天时，闭口不提保险业务，而是说一些其他话题，这样使谈话轻松愉快一些。很快，客户对话题有些兴趣了，不时地直起了身体和孙业成聊。

孙业成见客户对话题有了些兴趣，马上将话锋一转，向客户介绍起了保险产品，这时的客户已经没有之前的那种排斥心理了，而是身子前倾。孙业成知道，客户是在认真地了解自己的产品了，于是更加生动、详细地介绍起来。

孙业成讲，客户在听，还不时地会问上一句。客户身子前倾的同时，还不时地向孙业成这边靠了靠，好像是害怕听不清楚似的。

最后，客户被孙业成的产品打动，愉快地购买了一份保单。

客户从瘫坐到直坐，再到身子前倾，表明的是从漠视到用心了解，再到有购买意向的心理变化过程。客户不会自始至终只保持一种坐姿，客户会随着交流的进展、心情的变化等更换自己的坐姿。从客户的不同坐姿中，可以看出客户的某些心理特点、个性和态度。因此，销售员只要多加注意，就能从坐姿的变化发现心理的变化，从而把握沟通节奏，实现成功销售。

【实战点拨】

正所谓"站有站相，坐有坐相"，一个人的坐姿也在一定程度上反映着一个人的个性和修养。在销售中，当销售员与客户进行沟通谈判的时候，客户的不同坐姿可以反映出他的态度和心理。如果销售员善于观察，就会发现客户的心理变化轨迹，从而了解到客户的意愿，做出积极的响应或者调整，准确迎合客户，使彼此达成共识。那么，如何通过客户坐姿的变化破解对方的心理呢？

1. 拘谨客户的坐姿

有的客户在面见销售员的时候，总是正襟危坐，双腿并拢，双手夹在两腿中间，很拘谨的样子。这样的客户比较内向、害羞，应变能力不是很强，但是性格其实是很随和、很温顺的，比较重感情。在谈论事物时，虽然嘴上不说，自己心里却是有数的。面对这样的客户，销售员只要用真诚的态度，以及形象的语言来化解他们的心理防线，就会比较容易获得客户的信任。

2. 自信客户的坐姿

有的客户在与销售员交谈时会把左腿叠加在右腿上，双手交叉放在腿根两侧，身子向后倾，靠在沙发或者椅子的靠背上。这样的坐姿是一种很自信的表现，一般都是很有成就的人，能力比较突出，对自己的判断和观点很自信，陶醉在自我欣赏的光环之中。在交流中也比较善谈，喜欢表现自己的优越感。销售员要善于顺从客户的意思，并加以赞赏，让客户满足表现自己的心理需求并获得重视感，这样客户才会高兴地进行购买。

3. 固执客户的坐姿

有的客户坐姿很僵硬，双腿和双脚都并拢着，两只手交叉放在腿上。这样的客户是比较固执的，不愿意听取别人的意见，也不喜欢别人唠叨，很容易被激怒，因为他们没有耐心静下来听别人长篇大论。他们对于销售员是心存芥蒂的，不会轻易接受销售员的推销。因此在这样的客户面前，销售员说话要简单明了，并给客户展现出真正的实惠，用优良的品质和低廉的价格打动他们。因为他们不喜欢虚伪的东西，实惠才最能打动他们。

4. 随和客户的坐姿

有的客户在销售员面前则表现得比较随意，坐姿半躺半卧，或者双手抱于脑后，显得有些随便和懒散。这样的客户性格比较随和，与他们相处是比较愉快的。他们往往出手大方，只要自己喜欢的产品就会购买，但是对商品品质的要求会比较高。

5. 对话题感兴趣客户的坐姿

如果客户本来向后靠在椅子上倾听销售员陈述，但是渐渐地身子前倾，脚向后垂，则表明客户对你的话题很感兴趣。这时销售员就要及时地提出成交的要求，使客户尽快同意。

6. 对话题开始厌烦客户的坐姿

在销售员与客户的互动过程中，一开始客户还正襟危坐，认真听你讲话，并有所附和，可是过一会儿就会双手交叉，向后斜靠在椅子或者沙发上，不再发表意见，这就表明客户已经对你的话题失去兴趣，或者对你的描述产生怀疑。这时销售员就要及时地调整策略，改变方式，想办法引起客户的注意，或者对自己说的话做出证明，否则客户就会不耐烦，交流就无法进行下去。

7. 对话题不感兴趣客户的坐姿

如果客户把身子转向了一边，脚开始乱动，手也在玩弄别的东西，说明客户对你的谈话很不感兴趣，已经不愿意再理你，开始以冷漠相待。

一举一动皆传情：看懂客户的肢体语言

销售员每天要与各种各样的客户打交道，不同的客户有不同的性格，这就要求销售员必须学会观察客户的行为动作，捕捉客户的心理，把握每位客户内心的真实需求，最终实现交易的目的。

除了"听"，就是"看"，这个"看"主要就是仔细观察对方的肢体语言。有时，人喜欢说些言不由衷的话，但是潜意识里的真实想法会通过肢体动作暴露出来。通常，人不会刻意克制自己的本能反应，尤其是在销售活动中。销售员要关注对方的每一个表情，每一句话，每一个行为。相比之下，客户则是更自由的个体，随时来也随时走，可以在一个宽松的环境下从容地做出选择。因此，销售员的注意力是高度集中的，而客户的心情就相对放松，而在放松的时候人大都会凭着自己的习惯和第一直觉来行动，这时，销售员可以从客户的肢体语言中获悉他在当时最真实的心态。

【实战案例】

一家大公司的销售主管总能从面试者的身体行为来辨别对方信息的真伪。

一次招聘中，一位男性面试者解释了他放弃之前那份工作的原因：他觉得之前的公司没能给他提供足够的发展机会，而并非工作能力不足或者不能与公司环境很好融合。他说，他与同事、上司的关系都很融洽，所以他很不舍得离开原来的公司，这次离开也是不得已而为之。

通过一些沟通和交流，其他面试官对他的各方面能力都很满意，但是这位主管却认为这位面试者所提供的信息并不可信，他与同事和上司的协作或许没有他说得那么融洽。他认为尽管这位男士对自己的上司赞美不已，但是事实上，他却并不认同他的上司，他和这位上司之间应该是存在着一些问题的。于是几位面试官调出面试录像进行慢动作回放。在这位主管的提醒下，他们发现，每当提到前任上司时，这位男士的左脸上便会闪现出一种转瞬即逝的嘲笑的表情。

后来，面试官们果然从那位男士的前任上司那里了解到，这位男士并非为了寻求更大的发展空间主动辞职，而是因为违反公司规定，私自代理销售产品而被公司辞退的。

男性应聘者以为自己能够将谎话说成真话，主管却从他的身体行为中轻而易举地洞悉了真相。是的，一个人所做的就是他所想的，要想操控身体将谎言说得没有破绽是很难的。在大多数情况下，说谎者的行为必然会发出自相矛盾的信号，虽然这种信号持续的时间短暂，稍纵即逝，但只要细心观察，就一定能够有所发现。

当我们用肢体动作传达情绪时，很多情况下自己并不觉察。比如，当我们和别人谈话时，摇头、摆手、两腿交叉、颤动脚部，我们多半并不自知。客户在谈话的时候也是如此，他们不经意间的一些小动作已经出卖了自己内心的真实想法。销售员应当注意的是，观察客户的这些小动作，并且读懂这些小动作，准确把握客户的购买心理。

【实战点拨】

掌握察言观色的本领是每一位销售员必备的素质。客户在说话时，可以信马由缰、信口开河，甚至胡编乱造，但是说话时不经意间表露的肢体语言是骗不了人的，除非客户故意做一些假动作来误导销售员。

不管客户有多么不愿意交流，或者防范意识有多强，销售员都不要轻言放弃，仔细观察客户的小动作，也许就能判断出他话中购买需求的分量。灵活掌握体态语言的观察方法，善于捕捉客户的心理，可以事半功倍。

比如，眯着眼一般表示不同意、厌恶、发怒或不欣赏；四处走动、踱来踱去表示要发脾气或受挫；扭绞双手是紧张、不安或害怕的表现；观察事物时向前倾，是感兴趣的表现；懒散地坐在椅子中是觉得无聊或想放松一下；走路抬头挺胸的人比较自信、果断；交流时正视对方的人比较友善、诚恳、外向、有安全感、自信、笃定等；而交流时避免与对方目光接触的人一般比较冷漠、爱逃避、不关心、没有安全感、消极……所以，销售员掌握肢体语言方面的知识，不仅能够轻松洞察客户的内心世界，及时体会客户的心中所想，还能根据客户的肢体反应有意识地规范自己的行为动作，避免自己不经意间表露的肢体动作让客户厌烦。下面，就介绍几种肢体动作与心理状态的关系。

1. 摘下眼镜一扔是否定的信号

摘下眼镜往旁边一扔是否定的信号。当你看到对方做出这个举动时，你要为自己做好辩护的准备。然而，很多人往往忽略了这些举动。如果你略懂行为心理学，就能发现客户这些小动作里大有文章。他把眼镜折叠起来直接扔在一旁，这扔的动作就直接反映出对方的焦虑与不悦情绪。

2. 视线游移不定表明对方心神不宁

视线是一个人心理的折射光，它能够折射出一个人内心深处的欲望与情绪。如游移不定的视线表明他此时正心神不宁，很可能有什么事瞒着你，得多加小心！

3. 频繁点头有不耐烦的意思

大家都知道点头是表示肯定。可是，点头会不会因为不同情景、场合或者不同次数而表示不同的意思呢？其实，点头在不同的情境下代表着不同的含义，点头的次数不同，含义也不同。

如果客户的同意、接受、答应是发自内心的，所持的态度是肯定的，这时伴有微微的点头动作，那么这时就能对他的回答报以信任。相反，如果他频繁地点头，就表示"我懂了""不需要你多嘴""我一个人看看""请你离开"等不耐烦的意思。

4. 触摸鼻子的人可能撒谎了

在童话故事《木偶奇遇记》里，匹诺曹说谎时会长鼻子，而在现实生活中，人们说谎时会摸鼻子。撒谎会长鼻子虽然是一个很有趣的说法，但撒谎确实会引发鼻子部位的血液流量增大，导致鼻子膨胀而产生刺痒的感觉。所以，客户在撒谎时，可能会触摸鼻子。

5. 从侧面拍你的肩膀是表示鼓励

肩膀的一项重要内在含义就是承担重量，因此，当有客户从侧面轻拍你的肩膀，不但可以传达亲近、友好和善意，还能传递一种"我相信"的精神力量，起到激励、鼓舞的作用，使人感受到对方的真诚祝福与殷切期待。

销售实战能力训练与提升

（一）销售心理学小课堂

主题：常见心理状态与面部表情的联系

人类的面部表情总体来看，有这么几个共同的类型：高兴、悲伤、愤怒、厌恶以及恐惧。这五个面部表情基本上可以看作人类所共同拥有的表情特征。

1. 高兴

这个表情我们一眼就能看出来，因为高兴的时候人都会有笑容出现。不管是外向的大笑还是比较内敛的微笑，都在快乐的时候会体现出来。这个时候人就是开心的。脸上的表情变化也有很明显的特征，比如，脸颊的肌肉会上扬，而且眼角周围的肌肉会跟着联动，皱到一起。这就是为什么一个人的皱纹首先从眼角开始的原因之一。

2. 悲伤

这也是人类比较独特的一个表情。因为悲伤的表情十分丰富。人在面对一些让自己感到痛苦的事情时，不可避免地会产生悲伤的情绪，最常见的悲伤反应就是痛哭。哭在多数时候能说明一个人的内心哀伤。悲伤时，两眼无神，无精打采，因此，我们很少会看见一个人在痛哭流涕的时候二目如电，炯炯有神。

3. 愤怒

提到愤怒我们在脑子里可能会想到一个人的眼神，那是充满敌意的眼神，充满了火药味。这是愤怒的一个表情特征。眉毛往下，而且并拢在一起，嘴唇紧闭。人在很多时候会表现出愤怒的情绪，比如说自己的看法总是被否定，自己的利益受到危害，焦急，或者是受到威胁等。

4. 厌恶

这个表情表达的意思是排斥。一般来讲，如果一个人真的感到很厌恶的时候，印堂会起皱纹，而且嘴角上扬。厌恶的最极端形式是做呕吐状。这一点我们在很多的影视剧中经常能看到类似的情节，为了表达自己的厌恶之情，就做出一副呕吐状。所有的厌恶情绪都表达了一个信息：否定！他对刺激源的态度是不认可的。不管是极端的厌恶，还是比较中性的轻蔑，都是对一种行为或是人或是一种观点持否定的态度。

5. 恐惧

恐惧的表情在日常生活中并不是很常见的。恐惧的反应一般比较强烈，眉毛和眼皮一起上扬，眉头紧锁，眼皮也会往一起靠拢，一般还会长大嘴巴，希望获得救助。

（二）销售实战思考

2001年"9·11"恐怖袭击事件发生后，当时的美国总统小布什在获悉此消息后就下意识地咬住了嘴唇。而且在后来的很长一段时间里，只要涉及该事件，小布什都会做出这个下意识的动作。

问题：小布什总统下意识地咬住嘴唇，从心理学的角度看，可能反映了他什么样的心理特征。

参考答案

有些人感到紧张时会下意识地咬住嘴唇，比如内向的人在面对众人发言时，又或者在等待一个至关重要的结果时。之所以紧张会让人下意识地咬嘴唇，是因为人在紧张时，心跳会加速，血液的流动会加快，流经唇部的血液也会相应增多，而唇部的皮肤很薄，这样一来嘴唇往往会出现一种微胀感或微痒感，这种感觉促使人想去碰触它，而最简单、最隐蔽、最直接的方式就是用牙齿咬住它。而在其他一些场合，如局势不妙，让小布什焦虑担忧时，他可能会下意识地用这个小动作来掩饰自己的焦虑心情。

第4章 观察客户言行举止，从习惯推测基本性格

众所周知，不同性格的人，行为习惯也不同。反过来，我们可以从一个人的行为习惯中准确推测出这个人的基本性格。一个人的习惯是很难改变的，所以，在销售活动中，要是能掌握客户的基本习惯，那么，我们就能准确了解客户的性格特点了。

注意客户吃相：从吃上定位客户性格

作为一名销售员，与客户之间的直接接触和互动还是很多的，共同进餐的机会自然也有很多。首先，聪明的销售员会细心考虑客户的口味，让他们能够尽情地享受美食。同时，在进餐的过程中，销售员可以不动声色地观察客户的喜好和吃相，并以此来判断客户的性格。

【实战案例】

小刘是理财公司的业务员，平时在和同事们一起聊天时，经常会听到有人抱怨说："现在的理财业务越来越不好做了，签下一份订单简直比登天还难！"而小刘却不以为然。他最辉煌的一次业绩是仅仅用了一个月的时间就成功签下了10份投资合同。这样的业绩无疑会令同事们羡慕不已，而小刘自己也很快从业务员提升至业务经理。同事们纷纷向小刘打听成功的秘诀，小刘却只说了一个字——吃。

原来，在一次和客户吃饭时，小刘发现该客户在吃饭的时候总是细嚼慢咽，举止优雅，而且一直微笑着回应服务员，显得非常有礼貌。于是，小刘就想，这位客户的性格一定是诚实稳健的，他应该喜欢安静，为人处世踏实稳定，不会到处张扬。回去之后，小刘立刻根据这位客户的性格制定了针对性的销售方案，并在接下来与客户洽谈业务的时候，小刘非常注意自己的礼仪细节，言行举止都表现得礼貌得体，让客户始终感觉他是一个坦诚可靠的人。

就这样，通过一顿饭的观察和了解，小刘与客户的关系变得融洽多了，客户深深地感觉到小刘是一个值得信赖的人，并最终爽快地与其签下了投资协议。

同事们听了小刘的经历后茅塞顿开，原来，简简单单的一顿饭里蕴含着这么多的学问。

所以，成功的销售员首先要成为一个细心的观察者，从客户爱吃什么和如何吃等方面判断出他是怎样的一个人，拥有什么样的性格脾气，做出有针对性的销售方案，这样才更容易走进客户的心里，清楚了解其想要什么、不想要什么、最看重什么和忌讳什么等等，成功销售的可能性才会更大。

【实战点拨】

人吃五谷杂粮，食分四性五味，不同的人喜欢吃的食物也不尽相同。销售员又该怎样通过饮食的喜好来判断客户的性格呢？口味与性格之间到底有着什么样的联系呢？

1. 爱吃大米的人

这一类人大多性格沉稳谨慎，喜欢孤芳自赏。做事严谨得体，并且常会自我陶醉，有着很强的忍耐性，但是互助合作的观念比较差，经常自扫门前雪，很少顾及和考虑到其他人。遇到类似的客户，销售员一定要严谨务实，给客户推荐的产品也要力求物美价廉。

2. 爱吃面食的人

这一类人往往性格爽朗率直、热情奔放、心直口快。比较喜欢夸夸其谈，属于性情中人，情绪波动很大，容易冲动。做事时经常不太考虑后果，一旦遇到挫折，就会很快丧失信心。这类客户思想简单，城府不深，很容易就能看出是否具有购买意向，或者能有多大的购买力，这种客户群属于深受销售员喜欢的客户类型。

3. 爱吃油炸食品的人

这一类人常常充满热情，喜欢冒险，热衷于尝试新鲜事物，对新奇少见的产品会比较感兴趣，他们总是梦想要干一番大事业，可是一旦遇到打击，也会备感挫折，垂头丧气。如果你负责销售的正好是一些充满创意的新式产品，那么，这一类客户将是你非常合适的选择。

此外，对于吃什么，各人有各人的喜好；对于怎么吃，人们也会各有各的吃相。你若留心观察一下客户的吃相，对于他的性格特征，也就能够从中猜出几分。

1. 吃饭喜欢细嚼慢咽的人

这类客户性格较温和，稳重，脾气好。一般都是受过高等教育的人，举止优雅，谈吐文明；做事讲究原则，有条不紊，但是缺乏冒险精神，显得有些陈腐保守。

2. 吃饭喜欢狼吞虎咽的人

这类客户吃饭狼吞虎咽，性格火暴，脾气也阴晴不定，不容易控制。这种人一般都是急脾气，做起事来风风火火，不喜欢拖泥带水，但常常因为考虑不周而丢三落四。遇到这种客户，销售员要充分理解客户的迫切需求，但也要实事求是，为他们着想，尽量做到令客户满意。

3. 吃得多却不胖的人

"白吃"经常用来比喻一个人光吃不胖。而这类人的心思颇多，个性强势，精打细算，总希望花最少的钱买到最好的东西。他们语言表达能力很好，能言善辩，但也常会言多语失，容易得罪人。与这类客户打交道，销售员就得坚持住自己的底线，不要对客户提出的要求一味退让，行就做，不行就不做。

对于不做销售工作的人来说，吃吃喝喝只是一种休闲娱乐，与工作扯不上多大关系。但很多心理学实验证明，一边享受美食，一边与客户谈业务，成功的可能性往往会更大。因为用餐的过程，不仅会使客户整个人都处于完全放松的状态，来倾听你的意见，更重要的是，还能通过饮食喜好和吃相透视客户的性格，制定明确的销售方案。

对于这个心理特点，销售员如果能够熟记于心并善加运用，必定可以有效地提高自己的成交机会，取得更好的业绩和更大的进步。

抽烟有秘密：抽烟方式能暴露客户心思

抽烟并不是一件简单的事情，在它的背后隐藏着很多深刻的东西。抽烟反映了一个人的内心需要，我们可以从他抽烟的动作和拿烟的习惯来解读他的心理和性格。对于销售员而言，你所面对的很多客户都有抽烟的习惯，这就为销售员了解客户打开了一扇窗，提供了一个渠道。聪明细心的销售员能够从那一缕缕的青烟中看出客户内心的秘密，判断出对方的性格特点，然后对症下药，找出相应的销售策略，最终取得销售的成功。

【实战案例】

郝健是一家家具公司的销售员，还是个老烟民。郝健有一个绝活，就是只要客户是个烟民，他就能从对方抽烟的姿势中大致判断客户的特点，然后根据客户的特点来选择相应的销售策略。

一次，郝健和经理去与一位客户进行价格谈判。这位客户也是烟民，看到他抽烟的姿势后，郝健提醒经理：这个人可能是对方公司派来作试探性谈判的，他并不能做主，真正的当家人可能还没露面。

"我们今天是抱着极大的诚意来的，不知道对这次价格谈判，贵公司有没有给予您全权委托？不然的话，我们谈了也是没有结果的。"经理听从了郝健的建议，直截了当地问这位客户代表。

"我是刚来的销售员，这次本来是我们经理负责谈判的，但经理让我先了解一下你们的价格意向。"客户没想到郝健的经理会这么问，情急之下只有说出了实情——事情也正如郝健预料的那样，客户那边的经理是让这个新来的销售员锻炼一下。

"那我们等您经理来好不好？我们想尽快定下来。"郝健的经理说。

最后，这位客户打电话叫来了他的经理，价格最终由双方的两位经理通过谈判协商确定了下来。

郝健的判断让经理不可思议，事后经理问他到底是怎么回事，他笑说："我是从抽烟来判断客户的，客户用握拳式抽烟，这样的人一般比较自卑，在公司不可能有太大的权力，这次谈判这么重要，对方不可能派一个这样的人来。"

经理一听，惊奇地说道："想不到你从抽烟动作中能看出这么多的东西。"

【实战点拨】

那么，销售员究竟如何从抽烟来判断客户的性格特征呢？一般来说，客户的抽烟姿势各不相同，不同的抽烟姿势反映出不同的心理。

1. 客户仰头向上吐烟

这是一位很有自信的人，常常给人一种居高临下的感觉。面对这种客户，销售员一定要不卑不亢，这样才能获得他们的好感。

2. 客户向下吐烟

这是他正在思考一些事情。面对这种客户，销售员一定要有耐心，等待客户的决定。在等待的过程中，你也可以猜测一下客户的决定，然后预想出相应的策略。

3. 客户抽烟的速度与他情绪的积极性相关

如果他抽烟的速度很慢，说明事情很棘手，他正在考虑怎样对付你。面对这种客户，你要全盘思考，找出应对之计。

4. 客户抽烟时一直不断地磕烟灰

他心里非常不安和矛盾。面对这种客户，你要设身处地地为他着想，找出他内心不安和矛盾的根源，然后替他解决，这样你就能成功地拿到订单。

5. 客户点燃了一支烟，可是没抽几口，就把烟掐灭了

他想赶快结束谈话，或者说他心中已经有了主意。

销售员从客户拿烟的习惯也能判断出客户的性格。

1. "O"形拿烟法

"O"形拿烟法就是客户用大拇指和食指的指尖拿烟，两根手指形成一个小圆圈，其他手指则非常优雅地伸展开来。这种客户往往说得比唱得好听，可是他心里正在为你设置一个陷阱，等着你跳下去。面对这类客户，销售员要多长一个心眼，不但要听他说的话，还要分析他讲话的内容，不然就会被他捉弄。

2. 标枪式拿烟法

标枪式拿烟法就是把烟夹在拇指和食指的尖端，其他手指则缩向掌心，看起来好像是抽烟的人在投标枪。这种客户往往脾气暴躁，给人一种很凶狠的感觉。

面对这类客户，销售员要善智善勇，积极地与客户周旋，避免客户的霸王条款。

3. 握拳式拿烟法

这种客户大多有过贫穷和饥饿的经历，所以他们形成了节约的习惯。即使取得了很大的成就，但在他们的内心还是有深深的自卑感。

面对这类客户，销售员一定要小心谨慎，每说一句话、每做一个动作都要考虑他们的感受，以免触到他们的伤疤和痛处，让快到手的生意又失掉了。

总之，销售员应该学会发现，善于观察，一个平常的抽烟动作，一个随意的拿烟姿势，就在无声地告诉你对方的性格和心理。观察到了这些情况，无疑对你的销售工作是非常有帮助的。

酒品如人品：从喝酒习惯把握客户秉性

销售员在与客户打交道时，酒在其中往往扮演着一个不可或缺的角色。可以毫不夸张地说，销售员与客户之间的买卖很多都是喝酒喝出来的。酒在销售中所起的作用是难以估量的，它不但营造了一个良好的气氛，加深了彼此之间的感情，最为重要的是它帮助销售员成功地了解了客户的性格，从而有利于销售的成功。

【实战案例】

会议销售是一种借助和利用会议，运用销售学的原理、方法，创新性地开展销售活动的销售方式或模式。是通过寻找特定客户，通过亲情服务和产品说明会的方式销售产品的销售方式。

王建是一家会议销售公司饰品销售员，公司通过开办礼仪培训会，向参会者推销不同档次的饰品。

三天的培训会，前两天半是礼仪培训，只有最后半天是推销饰品的时间。王建懂得，对不同的人应该推销不同的饰品，这样他才可能接受，如经济实力不同、品位高低都会决定一个人的购买力，所以，推销饰品要因人而异，这样才能有推销力。

那么，如何判断客户情况呢？在前两天的培训会上，王建会观察目标客户的言行举止，从习惯推测他们的购买力。如客户喝什么酒，就是王建判断客户购买力的依据之一。

一次，在吃饭的时候，他问客户想喝点什么时，客户说："我只喜欢喝红酒……"王建知道，喜欢喝红酒的人一般性格慷慨、追求高雅，并且可能是实力非常雄厚的人。于是立马向这位客户推荐了一款比较昂贵的饰品，他告诉这位客户："这款饰品设计独特，品位高雅，正好与您的身份相配，就是价钱有点贵……"

果然，这位客户听后开心地说："价钱高点我不在乎，我要的就是饰品的独特性。"这次买卖很快就成交了。

在这个案例中，王建就是通过客户喜好红酒初步了解了客户的购买力，从而确立了正确的销售策略。实践中，不同的客户对酒的喜好也是不同的，这不仅仅是一种个人的偏好，而且显示了一个人的性格。作为一名销售员，要能够通过客户手里那个小小的酒杯看出他的性格，从而根据他的性格特点对其进行有针对性的销售，这样就会大大增加你销售成功的概率。从酒中看客户的性格绝对是销售员必须掌握的一种销售手段。

【实战点拨】

人们经过长期的观察发现，酒的种类与人的性格往往有着某种联系。注意客户对酒的选择，以及他们举杯的姿势和喝酒的风格，销售员能够大致看出客户的性格，从而在相处时有所留意，对客户做出积极的引导。因此，如果你想成为一名优秀的销售员，就应该认真研究一下酒与客户性格之间的对应关系。那么，酒与客户性格之间究竟有什么关系呢？

不同的酒有不同的色泽和口感，对不同酒的爱好能很好地体现出一个人的性格和品位。

1. 选择白酒的客户

选择低度白酒的客户，往往思想保守，人际关系融洽。他们拥有积极乐观的生活态度，可是有时"心太软"，即使伤害过自己的人向自己求助，也会不计前嫌，倾力相助。他们善于营造谈话的气氛，到哪里都受人欢迎。可能是他们常常过于关心别人，有时容易被别人所利用。

选择高度白酒的客户，个性好强，无论什么事情都希望自己能够做主。他们容易向别人袒露自己的心声，对小事漠不关心。他们喜欢反抗权威，热衷于冒险和挑战。

面对喜欢喝低度白酒的客户，销售员要尽量示弱，这样容易引起客户的同情，有利于销售成功。面对喜欢喝高度白酒的客户，销售员要多征求他们的意见，让他们感到受尊重，这样容易获得他们的好感。

2. 选择啤酒的客户

选择啤酒的客户，性格比较温和，喜欢帮助别人，逢迎别人，但是他们遇事常常没有自己的主见，不知道该怎么办。

面对喜欢喝啤酒的客户，销售员要主动帮他们拿主意。

3. 选择红酒的客户

选择红酒的客户，有一种天生的高贵和优雅，他们喜欢的其实并不一定是红酒，而是红酒所显示的身份，他们讲究身份、注重地位，这些人一般有很强的经济实力。

面对喜欢喝红酒的客户，销售员一定要显示出自己高雅的品位和良好的修养，凡事有自己独特的见解和想法，这样容易获得客户的好感。向客户推荐商品时，要推荐款式和品质都是一流的商品，这些客户往往对金钱不是很在乎。

人们常说"酒品如人品"，观察客户酒醉时的表情、动作可大略了解这个人的某些个性、脾气。

1. 一声不吭，倒头就睡

这类客户属于理智型，无论清醒还是醉酒，都能够自我约束，言行很少逾越规范。

2. 酒后变"话痨"

有的客户酒后喜欢夸夸其谈，或伴有轻浮的举止，这些人往往性格怯懦。他们可能是怀才不遇，长期处于压抑、不敢释放的状态。

3. 喜欢划拳

这些客户属于耐不得寂寞，喜欢热闹的人。哪怕在人群嘈杂的环境中，他们也会感到寂寞。所以除了酒精，还要借助划拳等肢体动作来排遣寂寞。这类人在生活中也是闲不住的，即使不喝酒，也会借由忙碌的工作来排解寂寞。

4. 喜欢施展酒量

这类人通常比较豪爽，喜欢抢着付账，他们不愿亏欠别人，也不爱占便宜。

5. 喜欢独斟

这类人属于郁郁寡欢的类型。他们不擅言语表达和人际交往，也没有凑热闹的爱好。为人拘谨，偏好独处，但通常也比较理智，能明辨是非，行为上常显得消极。

6. 酒后哭闹

这类人常有较重的自卑感，无论生活是一帆风顺还是处处受气，内心深处总觉得悲观失望。

总之，销售员要明白，在客户轻轻摇动的酒杯中，泄露了他的性格和品位，你要及时抓住这些信息，不要无动于衷。如果不留心这些信息，那么你就会白白失掉一笔笔生意。

注意身姿：行走姿态能看出客户内心

在央视综合频道和央视创造传媒联合推出的大型励志挑战节目《挑战不可能》第三季第二期中，播出"影子神探"姚刚挑战"辨影识人"——仅凭剪影和行走姿态就准确辨别真人身份。姚刚是一名监狱人民警察，每天都要与留着相同发型、相同服装的被关押人员打交道。久而久之，他练就了一项超乎常人的技能：通过行走姿态识别目标人物。其实，行走姿态不仅是一个人的特点，更是一个人心理状态的映射。对于销售员来说，如果能够通过客户的身姿了解客户的心理特点，无疑会增强销售员的销售力。

【实战案例】

一天，小于去姐姐开的花店帮忙。让她不解的是，同样一捧玫瑰花，姐姐对两位客户的要价却不一样。客户走后，小于问姐姐缘由。

姐姐告诉她："第一位买这捧玫瑰花的客户，进店的时候，风风火火的，这样的人果断，不拘小节，一般注重做事效率，所以，他也不会在乎玫瑰花的价格，所以，我找他要了150元。后来进来的这位客户，背着手，踱着方步，缓缓地走进店来，这样的客户买东西比较谨慎，对于买花不是太急的样子，所以，价格不能要得太高，我向他要了 100 元。"

小于听后笑着说："这样看来，姐姐的眼力就是财源呀。"

"一个人的行为方式在一定程度上反映着他的性格特征，因此，咱们虽然是卖花，也要在短时间内摸透客户的性格，洞悉客户的心理，熟悉客户的办事风格才行呀。"姐姐说。

销售员要发现客户的性格特征并不难，从客户走路的姿势就可以看出来。这就需要销售员善于留意和观察客户，并在进一步的交流中加以验证，掌握了客户的性格特征，进而采取适当的应对策略，实现成功交易。

【实战点拨】

一般地，销售员经常遇到的客户有这样一些典型的走路姿势，并反映出其相应的性格特征。不同的人总会有不同的走路方式，下面一起来了解吧！

1. 昂首阔步型

走路时抬头挺胸、昂首阔步、铿锵有力，一副成竹在胸的样子。这样的客户是非常自信的，聪明好学，知识丰富，主观意识比较强烈，做事情反应迅速、有条不紊，有很强的组织能力，一般在工作和事业上会比较成功。其缺点在于有时候太过自信，看不起别人，使自己被孤立，人际关系不是很好。

自信的客户不希望自己受到质疑。销售员应该以同样的自信去应对，使自己的语言明确、条理清晰，对客户提出的问题能够自如应答，这样才会赢得客户的信赖。如果销售员表现得吞吞吐吐、拖泥带水、啰啰唆唆，则会让客户感到怀疑和厌烦，使交易失败。

2. 慢条斯理型

这种性格的客户走路总是缓慢的、小心谨慎的，而且也不喜欢东张西望，头往往是微低着。这是一种内向、害羞的表现，往往给人一种冷漠的感觉。其实他们的内心是热情的，而且非常渴望与人交往，是典型的"外冷内热"型的人。如果你主动去接近他，就会发现其实他们为人善良诚恳，修养很高，做事很稳重，并且重情重义。

面对这样的客户，只要销售员能真诚相待，多给客户一些理解和关怀，是很容易感动他们的。销售员在与这样的客户谈判时，切记不能急躁，应该顺着客户的步调，太急反而给客户带来压力，遭到客户的拒绝。

3. 步履匆匆型

有的客户走路总是健步如飞，风风火火，不顾左右，这样的客户是典型的行动主义者。他们往往会表现得精力充沛，办事雷厉风行，从不拖泥带水。这样的客户办事讲求效率，对事情不推诿、不搪塞，但是有时候难免因为急躁而显得草率，容易出现纰漏或者发生错误。

销售员在面对这样的客户时，要多为客户着想，在客户容易出错的地方给其善意的提醒，为客户做好售后服务，这样才能满足客户的心理，得到客户的认可。

4. 横冲直撞型

有的客户在走路时，不管是人多人少，都如踏进无人之境，只顾自己横冲直撞而不考虑别人的感受，这样的客户会让人感觉有些不近人情，因此也容易得罪人，把事情办砸。但是这样的人的可爱之处在于为人坦率真诚，性子直，不会耍心眼，让人比较容易接近。

与这样的客户谈生意，销售员一定不能弄虚作假，即使你有半点的虚伪也会让客户无法接受。只要你诚心诚意地对他，得到他的信任，他甚至会把自己的朋友介绍给你，来照顾你的生意。但是如果你得罪了他，就会损失很多的客户。

5. 踱方步型

踱方步，这样走路的客户往往会比较庄重和严肃，对事情认真负责，做事情很理智，不会因为一时冲动而做出什么决定，务实和精明是这类客户的特点。

销售员如果碰到这样的客户，就要以认真的态度对待，尽量少和客户开玩笑，以免因自己的不庄重而让客户感到反感。在谈判时，话题要力求务实，用实际效益来说服客户，而不是发表空洞的长篇大论。

言为心声：从用词习惯揣摩客户心理

客户在你那里毫无压力地表达了自己的所有想法，你不能只是听听就算了，因为大量的话语里包含着许多有用的信息，通过对一些关键字的分析，销售员可以得到自己可以利用的点，也可以顺利建立起关于客户的资料库。所谓"说者无心，听者有意"，客户越是放松地宣泄，越是会透露出更多的真实想法，销售员则扮演那个"有意"的听者，将对方的言语转化为自己推销的武器，用客户主动奉上的内容，搭建彼此的沟通。并且，通过具体到词汇的分析，我们也能有更加明确的推销方向，知道客户的需求和疑问，与自己的分歧和误解，然后将它们一举消灭在谈话的初级阶段，为深入的交流和最终的成交打下坚实的基础。

【实战案例】

在月总结会上，电脑销售员李凡向店长坦言，自己最怕接待对电脑一窍不通的客户，因为根本不知道他们到底想要什么。

比如，有一次，一位学生模样的女孩同她父母一起来挑电脑。女孩父母对销售员表示：孩子刚上大学，买个平价、实用的就行。李凡凭自己的经验推荐了几款，女孩父母认真听着他的介绍，对这几款都挺满意，就让女孩自己决定，女孩一直没有出声，这会看着李凡拿到眼前的几台电脑，问："就这几种吗？"

"当然还有别的，但这几种是最适合学生用的，这几天开学来买电脑的新生很多，这几款也是卖得最好的。"李凡微笑着回答，看女孩并不怎么动心，就问道："你平时打游戏吗？"

女孩摇摇头，她父母一旁接道："打什么游戏，就不能给她买适合打游戏的。"

女孩听了，撇撇嘴，说道："我也不懂什么好，但是这几款样式太难看了，不喜欢。"

女孩父亲说："你讲什么好不好看，电脑是用来帮助你学习的，又不是摆着看的，要个实用的就行了。"

女孩说："电脑分什么实用不实用，不就是用来上网的嘛，哪种不一样，还不如买个好看的。"说着手指着隔壁柜台上的一款，"比如这个，多好看，我看质量也不错。"

女孩母亲看了一下标价，沉着脸说："你一个学生用这么好的有什么用，放宿舍安不安全？"

女孩说："你也说那个更好啦，为什么不能用好的？宿舍怎么不安全嘛，我多注意不就行啦……"

这么说着，女孩和自己父母争执起来，李凡在一旁都傻了，也不知道该按谁的意思来，可惜了一肚子的专业知识，完全派不上用场。最后，女孩和父母意见始终不统一，只好不了了之，先行离开。

事后，李凡向店长请教："像这种，并不是冲着电脑的真正价值来的，该怎么满足他们各自的需求？"

店长言简意赅地回答："他们奔着什么来的就满足什么。"

李凡似乎想不太明白。店长耐心地解释道："你是站在一个懂电脑的人的角度上，觉得天下的人都应该按照和你一样的标准来选电脑，可现实中并不是这样，每个人购买商品都有自己的需求，购买同一样商品不同的人也会产生不同的需求，因此，找到客户真正的需求是销售的第一步。其实就从你跟我讲的那三位客户的事，只要你留意他们的话，就能很容易找到他们的需求。"

李凡说："是吗？我只是觉得女孩和父母之间有分歧，这是人家的家庭内部矛盾，我这个外人解决不了吧。"

店长说："怎么解决不了？虽然你只是复述了个大概，我也没有听到他们的原话，但是你刚刚提到了，女孩想要'好看'的，而她父母想买适合学生的，所谓'实用'的，对吧？"

李凡点头。

"那不得了，女孩对电脑的追求就是外观、样式，父母呢，需要的是物美价廉，再直白点说，就是不想给一个刚上大学的学生买太贵的，两方之间的分歧，无非就是你推荐的款式，价格适中但样式不好看，而女孩随机相中的咱店里的主打款，好看是好看了，但价格昂贵，明白了这一点，你说，你能不能替客户解决一下'家庭内部矛盾'？"

李凡恍然大悟："哦！我知道了，其实女孩也没有一定要买那台贵的，她只是单纯嫌弃我推荐的那几款罢了。"转而又迷茫了，"可是，我觉得我推荐的都挺好看的啊……"

店长说："你觉得好看有什么用，得选客户认为好看的。"

语言的运用大致的目的有两种：一是表情达意，二是对于内心真实想法的隐藏作用。现实中，人们语言的目的往往是二者并举。我们与客户交流，一定要注意其言语的用词，从用词中去辨别其内心的真实想法，这样，就可以从语言上去掌握客户的心理了。

【实战点拨】

有道是"言为心声"，从语言中能反映一个人的内心世界。孔子这样说过："不知言，无以知人也。"意思是说在与人相处时，如果没有听到他言谈，很难说此人是一个什么样的人。但与其经过几次谈话后，通过言谈，我们就会对此人的行为、性情有一个大致的了解。那么，我们如何从语言上去判断一个人呢？不外乎是看说话人的用词。一般来说，我们要注意如下两个方面。

1. 注意与情绪有关的字眼

喜欢或者不喜欢，满意或者不满意，为什么喜欢，为什么不满意，这些情绪都埋藏在客户的话语里。一般来讲，对待陌生人，你对他礼貌周到，对方也会同样回报以客气，所以客户有时是不会太直接地评价你推销的产品，但他委婉地表达对产品的些许不满时，作为销售员可万万不能自欺欺人，当作没听懂。毕竟，客户如果只是提出自己的见解还是有救的，如果对方因为你不能满足他的需求而放弃，那你就彻底没救了。

2. 注意与问题有关的字眼

当客户发问时，其实是一个送在你面前的机会，因为这说明他对你的推销开始感兴趣了，想要了解更多，所以要特别留心客户的疑问。因为有时客户的问题并不是直接用问句的方式提出，而是包含在一些犹豫性的字眼中。销售员要及时察觉到这些犹豫和疑虑中的问题，然后积极主动地去解答，以便留住对方的注意力。

销售实战能力训练与提升

（一）销售心理学小课堂

主题1：了解不经意间的习惯动作传达的心理信息

肢体语言无疑是人类生产生活中的第二语言。人通过一定的行为可以传递较为明确的信息，在情感上、思维上传达一种心理活动的状态。日常生活中，有以下一些动作的人需要销售员去注意。

1. 爱边说边笑的人

这种人与你交流时你会感到气氛十分轻松愉快。他们阳光朝气、性格开朗，对生活从不苛求，他们懂得知足常乐，富有人情味，感情专一，对感情格外珍惜。人缘口碑都不错，喜爱平静的生活。

2. 爱掰手指节的人

这种人总是有意无意地把自己的手指掰得咯嗒作响。他们精力较常人来说旺盛一些，和很多人都能谈得来，喜欢钻牛角尖。对人对事较为挑剔，对于自己喜欢做的事情，会不择手段、不遗余力地实干。

3. 爱腿脚抖动的人

这种人总是喜欢无意识地通过脚或脚尖使整个腿部抖动。他们较为自私，较少为他人考虑，凡事功利性较强，做人也小气，但对自己的认识却很清楚，勤于思考，能发表很多有建设性意义的观点。

4. 爱拍打头部的人

这个动作通常是表示懊悔和自我谴责。他们待人苛刻，但对于事业有高瞻远瞩、改革创新的气势。这种人心直口快，也容易得罪人，为人真诚，有同情心，爱帮助他人，但经常祸从口出、守不住秘密。

5. 爱摆弄饰物的人

当然，这种人一般多为女性！性格比较内向，对于感情封闭得很严实。她们的另一个特点是心思缜密，做事认真踏实。

6. 爱耸肩摊手的人

这种动作常表示无所谓的意义。这种人为人热情积极，真切诚恳，富有想象力、创造力，喜欢享受生活，心胸开阔，努力追求幸福，渴望生活在和睦、舒畅的环境中。

7. 一个爱抹嘴捏鼻的人

习惯于抹嘴捏鼻的人，喜欢与别人开玩笑，却又不是一个勇于担当的人，沉溺于哗众取宠。这种人喜爱被人支配，渴望有所依赖，行事做人犹豫不决，不懂得抓住机会，选择时常拿不定主意。

主题2：人的身体语言

在日常生活中，有许多身体语言是我们大家所熟知的。为人们所熟知的比较容易察觉的身体语言有以下几种。

1. 五官语言

眉毛上扬表示询问和质疑，眼睛睁大表示惊疑、欣喜或恐惧；鼻翼微微掀动可能是心情激动；微笑是肯定的象征，具有向对方传达好意，消除不安的作用。

2. 面部语言

脸红常由于害羞或情绪激动，脸色发青往往出现在强烈气愤、恼怒受到抑制而即将暴发之前，脸色发白常常是由于身体不适应或在精神上遭受了巨大打击。

3. 躯干语言

呼吸急促时，胸部或腹部会起伏不停，这是极度的兴奋、激动或愤怒时的表现；肩部微微耸动也可能是抑制激动、悲伤或愤怒的流露；挺胸叠肚是满不在乎的表示；哈腰弓背是畏缩退让的表示。

4. 四肢语言

手指轻敲桌面或脚尖轻拍地板可能是内心焦躁不安，手部或某几个手指发颤是内心不安、吃惊的表现，手臂交叉可能是一定程度的警觉、对抗的表示。

上述这些身体语言的表现我们并不陌生，只是没认真想过其表达的含意罢了。这说明身体语言就在生活中。当然,身体语言还远不止这些。总而言之,身体语言是一种人人都能"读"懂的最大众化的语言。

(二)销售实战思考

在《福尔摩斯探案集》中,福尔摩斯对华生职业的判断让人叹为观止,他说的话译文如下:

"这一位先生,具有医务工作者的风度,但却是一副军人气概。那么,显见他是个军医。他是刚从热带回来,因为他脸色黝黑,但是,从他手腕的皮肤黑白分明来看,这并不是他原来的肤色。他面容憔悴,这就清楚地说明他是久病初愈而又历尽了艰苦。他左臂受过伤,现在动作看起来还有些僵硬不便。试问,一个英国的军医在热带地方历尽艰苦,并且臂部负过伤,这能在什么地方呢?自然只有在阿富汗了。"

问题1:从福尔摩斯对华生职业的判断中,对销售员观察客户言行举止有哪些启发?

问题2:推销活动前,为什么说了解了客户更有利于成功销售?

参考答案

答案1:从福尔摩斯对华生职业的判断中,我们发现,根据客户言行举止推测其心理,销售员不仅要将自己的目光放在一件事情的表象上,还要会抓住那些与客户言行习惯有本质联系的细节,进行深入细致的观察。观察是一种有目的、有计划、有步骤的知觉,通过眼睛看、耳朵听,甚至是用鼻子闻、舌尖尝、手指摸等手段去有目的地考察客户的言行习惯。在观察客户时,视觉起着重要的作用,有90%的外界信息是通过视觉这个渠道进入人脑的。因此,销售员也可以把对客户言行习惯的观察理解为"观看客户"与"考察客户"。

答案2:了解了客户,便能与他们交流,关心他们、照顾他们的利益。如果不了解客户,就不能把产品销售出去,产品再好也是枉然。所以,在销售产品之前,还要看清楚客户,更重要的是要正确判断客户的看法,对产品的态度。只要判断正确,即使是不利的情形,也可以转变为有利的情形。在买卖做成以后,也要继续去了解他们、关心他们,只要产品质量好,他们就是长期客户。

第5章 根据客户个性差异，找准心理软肋精准推销

100位客户，有100个不同的脾气秉性。所以，在接待客户时，一定要注意区分客户的心理差异，不能统一对待。了解客户是销售员的能力，而按照不同的性格特点，采取不同的对待方式服务好客户是销售员的智慧。

虚荣型客户：成功销售是捧出来的

在每个人的心里，大家都多多少少有一点儿虚荣。身为销售员，职业特点就是与人打交道，因此，在销售过程中往往会碰上爱慕虚荣的客户。当碰到这种客户时，你会怎么做呢？是指出他的缺点还是投其所好？要知道，做销售的目的就是拿下订单，而且任何人都不喜欢他人指责自己，因此，想与这种类型的客户达成交易，最好的方法莫过于投其所好。

【实战案例】

周先生是北京市一家民营企业的老总，在北京市有一定的知名度。小赵是刚刚进入希尔顿酒店贵宾部负责客房销售的大学毕业生。小赵入职后的第一位客户就是这位周先生。

这天，小赵拨通了周先生的电话。

"您好，我是希尔顿酒店的小赵，请问您是周先生吗？"

"是的，你有什么事吗？"

"周先生，您经常出差对吧，我想邀请您成为我们希尔顿酒店的会员……"

"我们已经和金陵饭店签了一项协议，我们公司以后只去这样的高端酒店，你是不是也要和我们签协议啊？我们不需要了。"周先生打断小赵的话。

连优惠政策都没有来得及告诉周先生，小赵很不甘心，不假思索地便脱口而出："对您这样的名人来说，我们酒店的办理程序很简单，只要您办张会员卡给您寄过去就可以了。"

或许是听小赵说自己是"名人"，周先生一时来了兴致，问道："你先告诉我你怎么知道我的电话的？我以前常去金陵饭店，那里的人对我很熟悉，可是你们是新开张的酒店，怎么会了解我的信息呢？"

小赵懂得，商人往往会注重面子，内心比一般人更希望得到他人的肯定，抓住了这一点，于是小赵说道："周总，我们都知道您是北京商界的成功人士，或许是您的商界朋友推荐给我们酒店的。一般来说，我们打电话邀请入驻的，都是像您这样的高品位的成功人士。"

小赵对周先生的暗自一捧，使得周先生很开心，随口就说了一句："你们酒店是什么情况呀？"

于是小赵用最简洁的语言给周先生介绍了自己酒店的情况和所能提供的一切优惠内容。最后说："虽然我们是新开张的酒店，但是我们是由国际知名的希尔顿酒店管理集团所管理的高端酒店，非常符合您高贵的身份，您不妨就成为我们的会员吧，这样可以享受优惠价格，会员费1888元，可以抵住宿费。"

"不就是预付1888元嘛，微信转账可以吧？"周先生爽快地说。

人人都有虚荣心，小赵利用了周先生人性固有的虚荣心，说话句句甜心，因此第一位客户就这样轻而易举地被他搞定了。虚荣的客户比较喜欢夸夸其谈，从头到脚透露着豪气。对这种客户应该在他们自我夸耀时顺势附和，如果满足了他们的虚荣心理，让他们感到与我们谈话很愉快，那么销售产品就容易多了。

【实战点拨】

对陌生客户进行突然推销，难免显得有点唐突，而且很容易招致客户的冷遇，甚至是反感，以至于遭到客户的拒绝。但是，如果销售员能够运用恰当的口才技巧，去真诚地赞美和恭维客户，再提出相关的问题，就容易取得对方的好感，起码能够让沟通进行下去，随后的推销过程也就会顺利得多。

对客户进行赞美时，一定要做到具体、得体，这其中的尺度掌握很微妙，需要销售员用心去体会把握。如果赞美用词不当，或者太夸张，会给人留下溜须拍马的印象，甚至会让人感到厌恶。

赞美的话题可小可大，小的可以是"您的气色很好""您的院子真整洁"

等等，大的话题可以是"您做生意信誉很好""听说，您在××方面很有经验"，也可以说"一直仰慕您的学识或者人品"等等。

赞美选择的内容和方式越具体越好，这也表明了你对客户的了解程度。销售员在赞美客户时，要有意识地说出一些具体而明确的事情，而不是空泛、含糊地赞美。例如：

1. 赞美某人的衣着

"您今天看起来很有风度"或"您的衣服很好看也很时尚"。

2. 赞美某人的房间

"这真是间漂亮的房子"或"这间房间装修得很雅致呀"。

"啊，您的房间布置得真好！光线柔和，色调明快，令人赏心悦目，如果再铺上地毯的话，那将更是锦上添花啊！"

3. 赞美某人的手表

"这块手表很漂亮"或"这块手表的造型真是独特呀"。

4. 赞美某人的孩子

"他们真聪明"或"他们真是太棒了！我希望我也能有这样好的孩子"。

5. 赞美某人的新车

"从这部车可以看出现代科技的进步真是神速啊！您一定花了不少钱买这部车吧"或"能拥有如此完美的车，您真是与众不同"。

在与客户沟通的过程中，赞美会很快取悦客户，并能够在客户心中留下美好的印象。因为每个人都喜欢受到别人的赞美和尊重，对赞美自己和尊重自己的人自然会抱有好感。但是，如果过分赞美客户，就会使赞美远离实际，不能够与自己的推销工作有效结合起来，往往会弄巧成拙。

因此，赞美是要讲究技巧和方法的，不是美言相送，随便夸上两句就会奏效的，如果赞美的方法不当还会起到相反的作用。所以，在赞美客户时，要注意恰如其分，切忌虚情假意、无端夸大。

内敛型客户：用真诚和热情打破他的冰冷

内敛型的人表面比较冷漠，看似不易接近，性格比较封闭，感情也比较深沉，不善言辞，待人接物小心翼翼，害怕与陌生人接触，喜欢独处。内敛型客户在消费的过程当中一般会精挑细选，甚至久久拿不定主意，这样就使销售员的工作很难展开。特别是销售员上门推销时，内敛型客户戒心很重，不一定让你进来。即使勉强让你进来，也会时时警惕，对销售员态度冷淡，很少说话，致使交谈的气氛比较沉闷。

虽然内敛型客户少言寡语，表面上看似反应迟钝，对销售员及其推销的商品经常表现出满不在乎的神情，甚至在销售员介绍商品时也不发表意见，但只要销售员学会仔细观察这种类型的客户，你就会发现，其实他已经在认真倾听，并在心里琢磨着商品的好坏。

这种类型的客户，普遍有着极为细腻的心理特点，只不过因为他们天生会对陌生人产生防御或警戒心理，因而总是表现出"生人勿进"的模样，即便赞同销售员的一些观点，他们也只会说一两句应承的话。而大多数销售员总是会被这种表象所欺骗，以为客户不想理会自己，甚至对自己推销的产品不感兴趣，从而选择告辞离开。

针对这类客户，销售员需要用较为平等的方式去对待，说话也要有条有理，有根有据，把产品的优缺点都予以说明。更要让客户有一个时间考虑是否购买，只有这样才能达成交易。

【实战案例】

小张是某品牌电磁炉的实体店销售员，一次，他给一位客户讲解时发现，客户在柜台前听得很认真，并没有提出任何问题。于是他转换话题问这位客户:"先生,您觉得我们的电磁炉的颜色好吗?"这位客户报以微笑。小张心里有了数,便改变了沟通策略:"您认为它的蒸煮功能和烤串功能哪个您用得更多些?"客户想了想,终于开口说:"蒸煮。""噢,那您看,我一会儿给您演示一下我们这个电磁炉在蒸煮方面的功能,它既能蒸得好,又不会让水溢出来,您不必为了怕它'跑锅'而紧盯着它。"于是,小张演示了一番。而客户见他热情诚恳,便很认真地看着他的演示。最后,这位客户买下了小张推荐的那款电磁炉。

有些人生性在谈话方面拙于言辞,不擅长语言表达。面对这样的客户,销售员应该采用"做选择题"的提问方式来打开他的话匣子,同时注意态度和蔼、坦诚。瞧,小张并没有因为客户不说话而冷落了他,相反,倒是给予了特别的关注。为什么?一个人在你的柜台前虽然不说话,却不走开,一直看着你演示,这不正说明他对你的产品动心了吗?

【实战点拨】

针对内敛型的客户,推销专家建议在沟通过程中,讲话要富有条理性和专业性,要把产品的优点和缺点一一展示出来,提供的信息要尽量全面,要有耐心,并适时保持沉默,给客户以足够的时间进行思考决策。那么,面对这些不爱开口的内敛型客户,想要从他们那里获得足够的信息,作为销售员应该如何做呢?

1. 始终保持热情诚恳的态度

销售员的热情就像一团火,无论内心如何冷淡的客户在销售员的热情面前都会被感染。从事销售行业,热情就是销售员获取成功的法宝。

因此,在与这类不言不语的客户交谈时,销售员要始终保持语言、神情和目光的真诚,并始终保持微笑。当你从始至终地与其热情真诚地交谈后,就一定能在客户的心里留下良好的印象,不论谈话是否取得实质性的改变,对以后的销售工作都会有所帮助。

2. 善于观察,了解客户的关注点

那些不言不语的客户的内心世界多半不能从言语上得知,因此,我们不仅嘴上要会说,还要会看、会听、会想,要有足够的耐心、信心、决心拿下这样的客户,要善于通过客户的举止言谈甚至是一个眼神来捕捉客户的心理

并加以分析。掌握客户的购买心理,也就掌握了成功销售的砝码。

3. 努力引导客户开口

再优秀聪明的销售员在与客户沟通的时候,只凭举止、眼神、表情等方面获取其购买商品的相关信息往往还是不够明确,甚至会得出错误的分析结果,出现判断错误的尴尬。所以,作为销售员不仅要善于观察,还要善于调动客户的积极性,帮客户打开"话匣子",让客户主动开口说话。当然,鼓励客户开口还是需要销售员具备良好的沟通能力,热情真诚地与客户沟通,并极力营造一个轻松的谈话氛围,让客户觉得是在和自己的老朋友交谈。

总之,当在销售中遇到那些一言不发表情冷漠的客户时,我们不仅需要观察客户,通过非语言形式了解客户的内心,更要特别注重与客户的沟通。借助提问或者拉近心理距离的方式想办法将客户引导到沟通活动中去,做到充分了解客户,一旦客户被激发起了谈话的热情,愿意参与到谈话中来,那么销售工作的展开就比较容易了。

外向型客户:推销利索不拖泥带水

外向型的人物性格和心理活动倾向于外部世界,经常对客观事物表现出关心和兴趣,不愿冥思苦想,常常需要别人来帮助自己满足自己的情感需要。外向性格的人常将自己的想法不加考虑地说出来,因此这类人比较心直口快,活泼开朗,善于交际,待人热情、诚恳,与人交往随和、不拘小节。销售员与外向型客户的交流一般是比较容易的,销售员一般也不会感到压抑。当销售员在给这样的客户介绍商品时,他会很乐意地听销售员说明,并且会很积极地参与进来,发表自己的看法。所以,销售员只要拿准外向型客户的这些特点,成功销售就不是一件难事。

【实战案例】

小杨是一家办公设备公司的销售员,他的客户是某公司的方经理,他与客户约定早上9点在客户办公室见面。

按照地址,小杨顺利地找到了客户所在的办公大楼。他意外地发现,方经理的秘书已经按照经理的吩咐在门口迎接小杨了。这让小杨感到受宠若惊,他想,这应该是位比较和善的客户。

果然,方经理对小杨非常热情,并且主动和他聊天。小杨在与方经理沟通的过程中,仔细观察方经理的言行举止,并做出判断:方经理是一位不拘小节、性格外向的人,应该很容易交流。于是小杨也不再拘谨,顺着方经理的话题,迎合着他,侃侃而谈,并巧妙地把他引到办公设备的话题上。

沟通过程中,小杨还穿插着讲了几个自己销售过程中比较有趣的故事,使方经理把注意力完全转移到他的产品上来。对于方经理关于产品的一些提问,小杨总是很清晰、简洁地给以解答,说话不拖泥带水,给方经理留下了业务专业、行事干练、自信诚恳、精神饱满的好印象,因而更加拉近了彼此之间的心理距离。

方经理向小杨说明了自己对于办公设备的想法,小杨很快就针对他的想法做出了一个合理化方案,方经理很是满意。最后,方经理痛快地订购了整套设备,给小杨带来了不小的收益。

案例中的小杨是一个销售高手,有着非同一般的敏锐"嗅觉"。在刚进办公大楼的时候,他就通过秘书迎接这个细节猜出方经理的性格。在沟通环节,他判断出方经理是一位性格外向型的人。于是,在将话题拉到产品上后,他介绍得干脆利落,为方经理做出了合理化方案,在这股自信气势的影响下,方经理非常痛快地签下了购买协议。

【实战点拨】

外向型客户的普遍特点是:他们的主观意识很强烈,爱以自我为中心,同他们握手时,你会很明显地感觉到其力度,他们的口头禅是"我认为""我觉得""以我多年的经验"等。在与其沟通过程中,你会发现,他们说话的底气很足,声调很高,有时候会令你感觉透不过气来。因为他们说话语速很快,而且经常会向你提出一些问题，这些问题通常都很尖锐。当然，谈话的主动权大部分是掌握在他们的手里，因为他们的控制欲很强。作为销售员，怎么才能搞定这样的客户呢？

1. 必须以快取胜

在面对外向型客户时，最好的销售方式就是跟上他的节奏，说话言简意赅，干脆利落，回答问题准确清晰，绝不拖泥带水。一口气将产品的优点迅速地呈现在客户的眼前，切勿说话啰唆。因为他们缺乏耐心，害怕啰唆，你必须跟上他们的思路，及时地助其完成决策，那样推销才有可能取得成功。

2. 注重时间观念

外向型的客户有很强的时间观念，对于时间的把握，他们甚至能精确到以分钟甚至是秒计算的程度，如果与这样的客户预约，一定要做好准时赴约的准备，否则你会给客户留下一个没有时间观念的印象，从而会失去他们对你的信任。销售员与之沟通时要注意把握时间，用最短的时间把最有用的信息传达给他们，闲扯只会让他们心生烦躁，而不利于销售。

3. 尽量顺从客户

摸清楚客户的兴趣和意愿，顺着他们的话题想办法引起他们的关注，让客户在不知不觉中被吸引。尽量顺从客户的意愿，不要期望自己能够扭转这类人的看法或者观点，这类人通常很自信，对于别人的意见或者建议不会轻易接受，除非你的论据足够充分，他们才有可能做一些适当的改变。

4. 不断更新话题

虽然外向型的客户容易对外界事物产生兴趣，却也容易对同一个话题感到厌倦。所以销售员不要抱住一个话题，说个没完没了，而是应该摸清客户的兴趣和意愿，顺着对方来说，引起他的关注，并巧妙地把自己推销的产品引导到谈话当中，让你的客户在不知不觉中被吸引。

唠叨型客户：倾听，倾听，再倾听

一位优秀的销售员，面对客户的唠叨，他们会将心比心，换位思考，站在客户的角度去理解客户，倾心听取客户的意见，并帮助客户做自己力所能及的事。但是，有些销售员会把客户的唠叨当作客户对产品的一种怨气，与客户进行争辩，有的甚至与客户发生口角，结果可想而知。因此一位善于理解客户的销售员会让客户打心里喜欢他；而与客户争辩的销售员，不论有理与否，都会让客户从心理上排斥他，自然而然也就不能支持他的工作了。

【实战案例】

某年春节前的一个清晨，一家燃气公司服务热线受理员、班长王芳刚刚接班，一位刚刚乔迁新居的老大娘就打进电话，用责备的语气埋怨道："你们燃气公司是干什么的？我们交了钱，可煤气还是不开栓。你们管不管？眼看要过年了，如果这件事在春节前还不能解决，我就到市政府、省政府上访去！"

王芳感到老大娘正在气头上，于是耐心倾听大娘讲完事情经过后，才去询问一些必要的技术性问题。原来，老大娘搬进所在小区已经有两个月了，虽然缴纳了燃气安装费，但因为开发商没有将开栓款交给燃气公司，所以煤气始终没有开栓。

了解了事情的缘由后，王芳真诚地向大娘解释："您把钱交给的是开发商，而供气合同是燃气公司与开发商签订的，这笔钱必须由开发商交给燃气公司后才能开栓。我们会与开发商联系的，督促他们尽快把钱转给燃气公司。"

听完了解释，大娘还是不肯罢休，一直唠唠叨叨地抱怨个不停，王芳一直耐心地听着她的抱怨。

随后，在王芳的反复协调督促下，问题得到了及时解决。

问题解决了，这位老大娘非常满意王芳的服务。很多时候，应对唠叨的客户需要的不是技巧，而是耐心，耐心地倾听客户的不满，然后再用适当的方式去化解。这样，唠叨客户多半就会满意而归了。

【实战点拨】

作为服务人员，遇到唠叨型的客户，就要多一分耐心，多一分理解。每个人的个性不一样，你不可能去改变他，更不能横加指责，要尊重客户的个性，多换位思考，给客户保面子，让他成为你的回头客。

一般来说，唠叨型客户只会不停地唠叨，完全不理会什么解决方案，他们对表达自我有着异乎寻常的强烈需求。这个时候，客户服务人员最需要做的就是倾听，专心于客户所关心的事情，保持平静，不去打岔，耐心地听完对方的全部叙述后再做出回答。适当做些记录，以显示你在认真地听他的话，表现出对对方情感的理解。

唠叨型客户喜欢对正常的服务工作提出不切实际的批评或额外要求。有时遇到不顺心的事，容易把情绪发泄到客户服务人员身上，有时候还会以投诉相要挟。对这样的客户要耐心听其发表看法，工作要更细心，服务要更周到，使其对自己的工作挑不出毛病。当遇到问题时，要耐心做好唠叨客户的思想工作，进行冷处理。

在应对唠叨型客户时，客户服务人员很容易因为一些小事焦躁起来，甚至一气上头，再也不想理会客户了。这些情况是一定要避免的。在应对唠叨型客户时，一定要做到以下几点。

（1）保持冷静，耐心地倾听客户的唠叨，不要和他口头争辩，千万别因客户的态度而和他争论。

（2）用体谅和宽容的心来倾听，认真地分析问题，找出客户不满的真相。

（3）当你在听的时候，要找出双方的共同点，以此巧妙地拉近你与客户的心理距离，并适时地表示理解客户的观点。

（4）以对待自己事的态度来对待客户的事，要竭尽全力解决客户的问题，不要随意推诿或放任不管。

（5）尽力告诉对方你所能做到的及需要配合的部门，不要承诺对方自己做不到的事情，不要随便许诺自己所不能配合的事情。

（6）要有礼貌地结束这件不愉快的事。

专断型客户：多服从，少抬杠

在销售的过程中，独断专行的客户无疑是难以说服的客户，会使销售员感到十分头疼。因为独断专行的客户总是有着自己的想法和主意。虽然他们会很快做出决定，但是前提必须是你的商品完全能够符合他的要求。然而，对于专断型的客户，只要你多服从少抬杠，还是能够赢得他们信任的。

【实战案例】

小郑是刚刚从学校毕业的学生，经过公司层层筛选及培训后，被公司外派到了一家4S店做汽车饰品分销工作。

听公司的员工讲，4S店的王经理对派来的销售员要求严格，因此，几个汽车饰品分销员都和他处不来，有的已经退出汽车饰品销售合作。

但小郑抱定"打不还手，骂不还口"的想法，相信自己一定能搞定。

第一天到王经理的4S店，王经理告诉小郑第二天再去谈。

第二天上午，小郑来到王经理的办公室时，对方却劈头盖脸地说："不是约你一早过来吗？看看现在已经几点了？"

小郑红着脸没有说话，但是心里想："看来这位经理的工作作风还挺严谨的，以后得注意了。"之后，只要有事找王经理，小郑从不迟到。

三天后，王经理安排小郑与业务人员一起去二级市场做市场调查，在市场调查结束后，小郑迅速给王经理提出了解决方案。但是，王经理听了小郑的建议后说："希望你把这些问题和建议用书面形式写出来，并且细化其解决方案，不要流于表面，解决问题才是关键。"

虽然王经理的要求有些苛刻，但在第二天，小郑还是按照王经理的要求将建议用书面形式写出来，并交给王经理。

后来，小郑秉承一个原则，只要王经理的要求不违反原则，自己一定照办。

一年后，小郑成了这家4S店唯一一家汽车饰品合作商。

在这个案例中，王经理就是一位典型的独断专行型的客户。在案例中有两处表现：一是虽然小郑并不是他的员工，但还是因为迟到批评了他；二是要求小郑把这些问题和建议用书面形式写出来，这也说明了这位客户的霸道。但是，小郑在这位霸道的经理面前选择了服从，结果是，他成了这家4S店唯一一家汽车饰品合作商。可见，对于独断专行型的客户，不顶牛，多服从，这样才能赢得与对方成功合作的机会。

【实战点拨】

专断型客户的个性比较固执强硬，专断独行，对自己充满信心。总是表现得很强硬，给人一种高高在上的感觉，经常拒绝他人，不给他人说话的机会，喜欢控制他人，总是会以命令的口吻来和他人交谈，相处起来不是很容易。专断型客户与外向型客户相似，只是具有超强的控制欲。

在销售的过程中，客户的性格类型也是多样的，同样的产品，不同的客户会有不同的想法，这就需要销售员针对客户的性格，在交谈中把话说到对方的心坎上，才能达成交易。对于专断型客户，最佳的合作态度就是服从。因为固执专断型客户有支配他人的习惯。下面来看一下销售员应该如何面对这种固执专断型的客户。

1. 适当地满足客户的控制欲

专断型的客户总是以自我为中心，总是希望别人能够认同和欣赏自己，更希望别人能够按照自己的意志去行事。也正是基于此，销售员在销售过程中更要善于变换主客关系，把客户转换到主人的位置上，让客户自己来评判和选择产品。比如，销售员可以说："先生，我看您很有主见和判断力，所以您喜欢哪种款式，想必早已经心里有数了吧！"或者说："您对我们的产品真是很有见地，我想完全可以由您自己来选择，我就不用再做介绍了。"这样的话就可以把客户推到主动的位置上来，让他自己说出自己的想法，既然是他自己所选择的商品，那么他自然不会再拒绝了。

2. 多倾听，少反驳

专断型的客户会很坚决地提出自己的意见，并很难让他改变自己的想法。因此，销售员在听到这类客户发表观点看法的时候，最重要的是不妨认真倾听，尽量不要提出反对意见，即使需要提出不同意见，也一定要委婉地提出。尽量避免与对方的观点对立，或者在不恰当的时候提出反对意见，否则合作很容易失败。对专断型客户提出的要求，只要可能，尽量给予满足。总之，销售员要懂得满足对方的支配欲望，这样合作才能顺利进行。

3. 及时了解客户的真实意愿

一般来说，专断型的客户都是很有主见的，有时还会十分固执，对某种商品常常情有独钟。如果销售员不能按照他的要求提供所需的商品，就很难促成交易的成功。因此，作为销售员要想了解客户的真实意愿，就应该想办法让他们说出自己的需求来，进而从他透露的有效信息中，为其提供最为合适的商品。这样做不但满足了这类客户的表现欲望，又使自己的推销工作较为顺畅。

完美型客户：用"无可挑剔"征服他

完美型客户是理智和冷静的化身。他们勤于思考，善于分析，能够理性地对待一切事物；他们关心细节，注重品质，讲究条理，做事力求精益求精；他们对自己的要求高，也会指出别人的错误并帮助改进。在与完美型客户的沟通过程中，销售员会发现，他们声音沉稳，条理性强，不易妥协，有些人还多愁善感和缺乏决断。要想让他们成为你的座上宾，叩开他们的心门，"无可挑剔"是征服这类客户的有效利器。

【实战案例】

有一次，保险销售大师戴维·考珀去拜访索科尔医生。当他到达时，索科尔医生已经在诊所的休息室里等候他了。

当考珀坐下以后，索科尔医生说："我不希望你来这里却一无所获，但我一想到我生前投入的钱只能在我死后才能发挥作用，就感到不是滋味。"

考珀说："这可以作为不买保险的理由，不过我想强调的是保险并不只是在人死后才能提供补偿，它可以在您退休之后为您的生活提供保障。您为什么不拿出现在的一部分收入来确保未来的生活呢？您肯定遇到很多销售员，他们只是劝您花钱消费，只有我才劝您存钱。"

"我已经为未来在考虑了，所以早已经开始储蓄了。"医生说道。

考珀说："您从保险中获得的收益远比将钱存到银行里要高得多。试想一下，如果您还没有储蓄足够的钱保障家人以后的生活却突然间去世了，怎么办？保险是一个独特的财政工具，如果您健康长寿，它可以给您提供养老金；如果您遭遇不幸，它可以为您家人的生活提供保障。我知道讨论生死是件令人不愉快的事。但这是我们不能回避的。您的工作肯定会接触到许许多多的病人，要知道他们曾经也拥有健康的身体。"

医生说："但我是医生，而且身体健康，我认为没有投保的必要。"

考珀说："我们可以这样假设一下，假设您家里有一台印钞机，每年会为您的家庭制造100万美元的钞票。我想您的妻子肯定会小心翼翼地将它保管在一个干燥通风而又安全的地方。即使机器结实耐用，也会千方百计地给机器投保，以防它出故障。其实您就是这样一台印钞机，每年都会为您的家庭带来丰厚的财富，但是天有不测风云，人有旦夕祸福，车祸、抢劫、疾病随时可能发生，我想您的妻子肯定是希望您投保的，是吗？"

"我明白你的意思。"索科尔医生似乎被考珀的话打动了，"如果我决定投保，需要多少钱？"

"我得先详细地看看您的情况，再给您一个确切的数字。这样才能确保您未来的收益最大化。"

索科尔医生最终在戴维·考珀这里投保了30万美元。

案例中的索科尔医生就是典型的完美型客户。这类客户在销售活动中往往以"思考者"的形象出现，这类人具有以下特点。

他们严肃、冷静、随和，喜欢用"无可挑剔"来要求自己和他人；他们生性忧郁、多愁善感；因为敏感和多疑，所以很容易受到伤害；他们从不轻易表态，总是经过深思熟虑之后，才会说出他该说的话；他们目标长远，富有规划；他们不会贸然行动，周密计划后才会有条不紊地执行；他们做事认真负责，追求尽善尽美，重视细节和品质，却不注重效率；他们善于思考，条理性强，考虑问题细致周到，具有很强的逻辑思维能力；他们从不轻易决策，也不会随便许诺，但做出承诺后，往往会全力以赴去兑现。

由上可知，与完美型客户打交道非常困难，因为他们天生理性，做事严谨，常常会用非常苛刻的标准来要求自己和他人。

【实战点拨】

面对不愿意表露自己的意愿和情感的完美型客户，只要销售员稍加用心，将专业和细节做到极致，就一定能够叩开客户的心门，用你的"无可挑剔"征服客户。怎么才能成为客户心中标准的完美型销售员呢？

1. 通过广泛交流明确客户的需求

完美型客户考虑问题全面而细致，他们喜欢在细节上做文章，有时候会针对某一个小问题与销售员进行无休止的探讨。这时候，销售员千万不能表现出任何的烦躁情绪，而应该认真倾听和判断这是否就是客户的需求点，从而挖掘出客户的真正期望。另外，由于完美型客户的关注点较多、关注面较广，交谈中他们往往会偏离自己的焦点。此种情况下，销售员如果能用清晰的思路帮助客户厘清问题，便能够在引导客户找到关注重点的同时发现其真正的需求。

2. 给客户展示你的产品"无可挑剔"

适应完美型客户追求完美的特点，销售员在介绍产品时要力求产品没有缺陷，可以通过演示的方式，将产品的优点一一展现出来。同时，产品的演示事先要经过周密计划，做到条理清晰、井然有序，不需要做到面面俱到，却必须重点突出、有理有据。

另外，在演示的过程中，销售员还应该积极地与客户互动，鼓励客户多提问题，并随时消除他们的疑虑。为了激发客户的购买欲望，在演示的最后可以通过提问，让客户自己说出关于产品优点的关键性结论。

3. 运用数据、图表和实例等支持陈述

客户都不喜欢销售员空洞、泛泛地夸夸其谈，完美型客户更是如此。单纯的产品介绍或概括性的结论很难令他们信服，他们更喜欢用数据说话。他们经常会把数据、图表等资料作为决策的依据，通过分析后得出自己的见解，其中的任何一处疑问都会成为他们不购买的理由。因此，销售员在演示、推介产品的同时，最好出示图表、数据，或有关产品使用实例的证明材料等，以此来支持自己的陈述，证明自己的观点，让客户更好地认清产品的优势和利益，坚定其购买信心。

4. 给客户留下充足的思考时间

完美型客户可以说是最挑剔的客户了。他们有异常缜密的思维，在购买时会思来想去，害怕有考虑不周之处。当销售员提出成交请求后，不管他们对产品是否满意都会不置可否，只在内心里默默评价。因此，销售员不能急于求成，应该尽量控制话语的长度和言谈的时间，给客户留下充足的思考时间。

5. 做一个完美的销售员

完美型客户事事都力求极致，销售员千万不要被对方追求完美的表象吓到，进而不知所措。与他们沟通时，销售员也要尽量显示出自己的完美，给客户一个专业、职业、细心的印象，并以此来征服对方。做一个完美的销售员，这是征服完美型客户的最好武器。

节俭型客户：让对方感到物有所值

成功的销售就在于——让客户觉得物有所值。销售员在推销的过程中，总能碰到一些节俭型客户，这类客户通常都不会对高价位的产品感兴趣，还总是会对产品挑三拣四，更会为了用最低廉的价格购得性价比最高的产品感

到欣喜，所以，他们大多令销售员哭笑不得。

【实战案例】

销售员小李对自己的老板无奈地说道："老板，我最近遇到一位特别难缠的客户，她在生活中总是节俭成性，喜欢精打细算，还与我不断地讨价还价。最过分的是，她不仅在电话里跟我讨价还价，还在办公室里或大庭广众之下跟我为了一点利益而争吵。每当跟她说话，我就觉得自己像是菜市场里的小商贩。这种感觉让我几欲发疯，有时候，我真想不管不顾地掉头就走。因为在她眼里，我们好似所有东西都应该对她免费才好！如果按照客户的要求去做，我们恐怕赚不到一分钱，然而，她又是跟我们公司签订了合同的，我该怎么办呢？"

老板笑着劝慰小李道："年轻人，不要心浮气躁，我建议你最好跟她说清楚我们产品在市场上的实用价值，并且让她知道我们已经给了她最优惠的价格。如果她还是不依不饶，你就让她去市场上调查一番价格再说，看看我们给的价格是不是物有所值。"

小李听后点点头，向老板道谢后走出了办公室，拨通了那位客户的电话。

有类似小李这样经历的销售员一定不在少数，毕竟这个世界上真正的有钱人不多，节俭朴素也是传统美德。实际上，对于节俭型客户来说，谨慎地花钱，并且购买的东西物有所值就行，他们并非似铁公鸡一毛不拔。只要销售员把握住这一点，就会知道怎么与这类客户打交道了。

与节俭型客户商谈时，最好多强调产品的特点和价值所在，把产品的成本、生命周期、投资回报率告诉他们，并强调高回报率才是重点。只要让节俭型客户看到产品的价值，就能解决这类客户心中的问题。

【实战点拨】

花钱要花得值，相信你也是这样认为的，何况是我们要让客户从自己的口袋里掏钱。销售员不仅要控制自己的心理，还要学会掌控客户的心理。只要让客户感觉他的钱是花在了刀刃上，我们的目的也就快实现了。那么，在具体销售过程中，销售员应该如何让节俭型客户明白"一分钱一分货"的道理呢？

1. 为客户计算性价比

节俭型客户在购买东西的时候，重点着眼于产品的性价比，并以此来决定是否购买。无论商品价格高低，节俭型客户都希望通过衡量商品的质量、价格、功能等来考虑商品的性价比。但并不是所有客户对自己所要购买的产品都有足够的了解。很多时候，由于客户对产品的认识受到诸多因素的制约，例如对商品的性能不够清楚，忽视了一些重要的细节等，因此也就可能对所购商品的价格提出质疑。

所以作为销售员，想要尽快消除节俭型客户的错误理解，就要准确及时地传达给他们与商品质量相关的信息，尽量让节俭型客户全面地了解商品质量，并以此为依据为节俭型客户计算出性价比，让节俭型客户一目了然地看到商品的质量与价钱之间的内在关系，消除其对价格的质疑。

2. 用事实说话

俗话说，耳听为虚，眼见为实。有时候，销售员费尽口舌，将产品的功能和优势解说出来，但客户并不相信，反而撂下一句话："王婆卖瓜，自卖自夸。有谁不说自己的瓜甜？"的确，这一回答让一些销售员不知如何是好。事实胜于雄辩，再好的解说也比不上事实的力量，只要销售员用事实说话，就不愁卖不出好产品。

在销售过程中，所谓的事实并非权威证书或者一纸公文，只要销售员让节俭型客户多一些实际体验，让节俭型客户从内心体会到产品质量的优越性，就完全能够消除其嫌贵的心理了。

3. 保持足够的耐心

对于节俭型客户始终保持的价格异议，销售员束手无策，于是，放弃成了销售员常用的做法。其实，没必要这样，因为放弃了一位客户，就失去了一次成交的机会。另外，节俭型客户对产品有价格上的异议，说明他有意向购买，只要化解了价格异议，销售成功是自然而然的事情，为什么轻易地放弃一次成交机会呢？

在推销过程中，针对产品性能向节俭型客户进行详细的介绍和解释是不可少的。如果节俭型客户一再质疑，销售员切不可因为急于成交而降低价格或者放弃客户，而是要拿出足够的耐心，向客户讲明价格与质量的关系。只要销售员拥有足够的耐心，并辅以正确的沟通方式，就能让节俭型客户明白"一分钱一分货"的道理。

销售实战能力训练与提升

（一）销售心理学小课堂

主题：客户的性格类型全解析

一个销售员搞销售时间长了就会发现，他所面对的客户是属于不同类型的，这种类型的划分虽说不是一成不变，但也有相对的稳定性。不同类型的客户对销售员的态度，对销售活动的反应是迥然不同的。一个销售员只有事先掌握这些情况，才能面对各种类型的客户做到临阵不乱、沉着应战，使销售活动得以顺利进行。除了上述几种类型性格的客户外，还要尽可能地多了解客户的性格类型。

1. 爱讨价还价型的客户

善于讨价还价的客户，贪小也不失大，用种种理由和手段拖延交易达成，以观察销售员的反应。如果销售员经验不足，极易中其圈套，因怕失去得来不易的成交机会而主动降低交易条件，甚至不惜赔本销售。事实上，这类客户爱还价是本性所致，并非对商品或服务有实质性的异议，他在考验销售员对交易条件的坚定性。这时要创造一种紧张气氛，比如现货不多、不久涨价、已有人上门订购等，然后再强调商品或服务的实惠，多管齐下，使其无法锱铢计较，爽快成交。

2. 喜欢抱怨型的客户

这类客户爱数落、抱怨别人的不是。一见销售员上门，就不分青红皂白地无理攻击，将以往的积怨发泄在陌生的销售员身上，其中很多都是不实之词。从表面上看，客户好像是在无理取闹，但肯定是有原因的，至少从客户的角度看这种发泄是合理的。销售员应查明这种怨恨的缘由，然后缓解这种怨恨，让客户得到充分的理解和同情。平息怨气之后的客户也许从此会对销售员有了认同感。

3. 冷静思考型的客户

这类客户，喜欢靠在椅背上思索，有时，则以怀疑的目光观察对方，有时甚至表现出一副厌恶的表情。由于他的沉默不语，总会给人一种压迫感。

这种思考型客户在销售员向他介绍商品时常仔细地分析销售员的为人，想探知销售员的态度是否真诚。

面对这种客户，最好的办法是你必须很注意地听取他说的每一句话，而且铭记在心，然后再从他的言辞中，推断出他的想法。

此外，你必须诚恳而有礼貌地与他交谈，你的态度必须谦和而有分寸，千万别显露出一副迫不及待的样子。不过，在解说商品特性和公司策略时，则必须热情地予以说明。

4. 借故拖延型的客户

销售员在进行面谈说服时，这类客户倾听得十分仔细，回答得也很及时，并有成交信号出现。但要求他做购买决定时，则推三阻四，让销售员无计可施。这类客户临事不断，定有隐衷。应对之道就是寻求其不做决定的真正原因，然后再对症下药，做到有的放矢。

5. 好奇心强烈型的客户

事实上，这类客户对购买根本不存有抗拒心理，不过，他想了解商品的特性及其他一切有关的情报。

只要时间允许，他很愿意听销售员介绍商品。他的态度认真、有礼，同时会在商品说明进行中积极地提出问题。

他会是个好买主，不过必须看商品是否合他的心意。这是一种属于冲动购买的典型，只要你能引发他的购买动机，便很容易成交。

你必须主动而热忱地为他解说商品性能，使他乐于接受。而同时，你还可以告诉他，目前正在打折中，所有的商品都以特价出售，这样一来，他就会高高兴兴地付款购买了。

6. 滔滔不绝型的客户

这类客户在销售过程中愿意发表意见，往往一开口便滔滔不绝，口若悬河，离题甚远。如销售员附和客户，就容易使销售面谈沦为家常闲聊，虽耗尽心思也难得结果。对待这类客户，销售员首先要有耐心，给客户一定的时间，由其发泄，否则会引起不快。然后，巧妙引导话题，转入销售。而且，要善于倾听客户的谈话内容，或许能发现销售良机。

7. 大吹大擂型的客户

这类客户喜欢在他人面前夸耀自己的财富，但并不代表他真的有钱，实际上他可能很拮据。虽然他也知道有钱并不是什么了不起的事，不过，他唯有夸耀来增强自己的信心。

对这种客户，在他炫耀自己的财富时，你必须恭维他，表示很佩服他的能力和成功。然后，在接近或成交阶段，你可以这么问他："您可以先付订金，余款改天再付！"这种说法，一方面可以顾全他的面子，另一方面也可让他有周转资金的时间。

8. 虚情假意型的客户

这类客户表面上非常友善，比较合作，有问必答，但实际上他们对购买缺少诚意和兴趣，如销售员请求购买商品，则闪烁其词，装聋作哑。如果销售员不识别此类客户的真实目的，往往会花费大量的时间、精力与其交流，直到最后空手而归。鉴别这类客户需要销售员的经验和功力。

9. 生性多疑型的客户

这种客户对销售员所说的话，都持怀疑态度，甚至对商品本身也是如此。这种人心中多少存有一些个人的烦恼，他们经常将一股怨气撒在销售员身上。

因此，你应该以亲切的态度和他交谈，千万别和他争辩，同时也要尽量避免对他施加压力，否则，只能使情况变得更糟。在进行商品说明时，态度要沉着，言辞要恳切，而且必须观察客户的忧虑，以一种友好般的关切询问他："我能帮您吗？"等他完全心平气和后，再与他洽谈。

10. 情感冲动型的客户

这类客户容易受外界环境影响，生性冲动，稍受外界刺激，便言所欲言、为所欲为，至于后果如何，毫无顾忌。比如，常打断销售员的话，借题发挥，妄下断语。对于自己原有的主张或承诺，也会因一时兴起，全部推翻或不愿负责任。而且经常为感情冲动的行为而后悔。"快刀斩乱麻"或许是应对此类客户的原则。销售员首先要让对方接受自己，然后说明产品能给他带来的好处并做成功演示。

11. 思想保守型的客户

这类客户思想保守、固执，不易受外界的干扰或他人的劝导而改变消费行为或态度。表现为习惯与熟悉的销售员往来，长期惠顾于一种品牌和商品。对于现状，常持满意态度，即使有不满，也能容忍，不轻易将想法显露人前。销售员必须寻求其对现状不满的地方和原因，然后仔细分析自己的销售建议中的实惠和价值，请客户尝试接受新的交易对象和产品。

12. 固执己见型的客户

这类客户凡事一经决定，则不可更改。即使知道错了，也一错到底。有时会出言不逊。销售员的以礼相待，也往往难以被接纳。

从心理学上讲，顽固之人的心底往往脆弱和寂寞，较一般人更渴望理解和安慰。如销售员持之以恒，真诚相待，适时加以恭维，时间长了，或许能博得其好感，转化其态度，甚至被认同为知音。

13. 犹豫不决型的客户

这类客户外表平和，态度从容，比较容易接近。但长期交往，便可发现他们的言谈举止有些迟钝，有不善于决定的个性与倾向。由于购买活动需要金钱上的付出，所以更难让这类客户下决心。这类客户的性格可能就是优柔寡断，往往注意力不集中，不善于思考问题。因此，销售员首先要有自信，并把自信传达给对方，同时鼓励对方多思考问题，并尽可能地使谈话围绕销售核心与重点展开，而不要设定太多、太复杂的问题。

14. 精明理智型的客户

这类客户由其理智支配、控制其购买行为，不会轻信广告宣传和销售员的一面之词，而是根据自己的学识和经验对商品进行分析和比较后再做出购买决定。因此销售员很难用感情打动来达到目的，必须从熟知商品或服务的特点入手，多方比较、分析、论证，使商品和服务给客户带来的好处得到令人信服的说明。

（二）销售实战思考

有一类客户，当销售员进行商品说明时，总喜欢打断销售员的话头，说："这些我早就知道了。"其实他未必知道，或者知道得并不详细。他不但喜欢夸大自己，而且表现欲极强，但表达的意思往往又牛头不对马嘴。

问题1：这类客户是什么性格类型的？

问题2：销售员遇到这类客户，应该采取怎样的应对策略？

参考答案

答案1：这类客户属于自以为是性格类型。鲜明的性格特点是，听不进去别人的意见，以自己的意志行动；看不起别人，认为别人的想法都比不上自己的高明。

答案2：面对这类客户，你不妨布设个小小的陷阱，在商品说明之后，告诉他："我不想打扰您了，您可以自行考虑，考虑好了与我联络。"在进行商品说明时，千万别说得太详细，稍作保留，让他产生困惑，然后告诉他："我想您对这件商品的优点已经有所了解，您需要多少呢？"

第6章 找准客户群体特征，按照心理需求对症下药

客户都有差异性，而相同的客户群又有一定的相似性。如相同的年龄、职业和经历的人，他们的性格具有一定的相似性。不同的群体有着不同的心理特征，销售员要是能从销售的角度找准这些客户的群体特征，就能轻松驾驭庞大的客户群。

对老客户的销售：注重信誉，真情相待

曾经交易过的客户称为老客户，也叫回头客。对于很多行业来说，靠的就是老客户的支持，如美容美发、汽车修理、保险业和保健品销售等等。挽留老客户，减少老客户的流失，甚至比增加新客户更重要。对销售员来说，一定要了解老客户的心理，对症下药，这样才能挽留住老客户。

【实战案例】

吉拉德是位汽车代理经销商，他每年所卖出去的汽车比其他任何经销商都多。甚至销售量比第二位要多出两倍以上，在汽车销售商中，实属鹤立鸡群。当有人问及吉拉德成功的秘诀时，他坦言相告："我每个月要寄出1.3万张卡片。有一件事许多公司没能做到，而我却做到了，我对每一位客户建立了销售档案，我相信销售真正始于售后，并非在货物尚未出售之前……客户没有踏出店门之前，我的儿子就已经写好'鸣谢惠顾'的短札了。"

吉拉德每个月都会给客户寄一封不同格式和颜色信封的信（这样才不会像一封"垃圾信件"，还没有被拆开之前，就给扔进垃圾筒了）。1月寄给客户的信，一开头就写着："我喜欢您！"接着写道："祝您新年快乐，吉拉德敬贺。"2月他会寄一张"美国国父诞辰纪念快乐"的卡片给客户……客户们都很喜欢这些卡片。吉拉德自豪地说："我给所有的客户都建立了档案，我会根据他们兴趣爱好的不同，分别给他们寄不同的卡片。而且，给同一客户寄的卡片中，也不会有雷同的卡片。"吉拉德通过这些细致的工作，赢得了良好的口碑和很多的回头客，而且很多客户还介绍了自己的朋友来吉拉德这儿买车。

应当强调指出，吉拉德的做法绝不是什么虚情假意的噱头，而是一种爱心、一种责任感、一种满足老客户心理的做法、一种高明的销售技巧的自然运用。

买了产品后，客户一般都希望销售员是讲信誉的、诚实的；希望销售员对自己的购买行为有感恩之心，甚至在自己再次购买产品的时候，能够更加的优惠。这是老客户普遍的心态，销售员要针对老客户的这些心态，采取适当的销售举措。

【实战点拨】

毋庸置疑，老客户会产生强大的购买力。那么，销售员该怎么做，才能抓住他们的心理，才能有效地与老客户保持长久的联系呢？

1. 注重诚信，满足老客户的信誉期待

人无信不立，销售员更要讲信誉，因为信誉是赢得老客户的基石。销售员的不守信是对客户最严重的伤害，他们会因此而拒你于千里之外。美好的信誉要靠品德和奉献才能获得，谄媚从来不会出自伟大的心灵，而是小人的伎俩。只有用灵魂去塑造自己的信誉，用行动去打动客户，才会赢得客户的信赖。认真对待你的每一位客户，所获得的回报一定是客户由衷的信任、业绩的提高及良好的口碑。

假如销售员缺乏信誉，如在第一次销售时对客户有欺骗行为，那基本上就是一锤子买卖，不但很难有回头客，而且还会因为这位客户的"广而告之"失去更多的客户。

2. 及时回访，建立情意

客户购买商品后，获得售后回访，一般是他非常乐意看到的事，因为这样做会让客户感到卖家是认真负责的。销售员可以利用客户的这种心态，及时回访建立情意。所以，对于客户，你在交易完成以后，不要忘记对他们进行回访或问候，从而进一步地了解对方，更深层次地进行交流和沟通，甚至试着和对方交朋友。这样能给你带来更大的收益。很多客户因为对你的印象好，就可能会为你做免费的宣传或不断购买你的商品。

3. 再次惠顾，一定要优惠

销售员要明白，当客户准备再次购买的时候，他已经对你产生了充分的信赖，成功销售是十拿九稳的事。但是，对自己的两次光临，客户在心里会期待销售员"知恩图报"，否则，客户就会认为销售员"无情无义"而"移

情别恋"。所以，当老客户再次购买时，一定要给予更多的优惠，满足老客户"施恩图报"的心理。

老客户是靠感情培养和维系的，也是靠一点一点实惠获得客户的忠诚的。你不顾及客户的感受，而固执地执行我行我素的销售方法，必然留不住一批批忠诚的老客户。

4. 真诚是维系关系长久的金钥匙

如何将新客户变成老客户？俗话说"同舟相渡三世修"。那么，既然老客户频频惠顾你，你就更应该珍惜这份来之不易的情谊。如果说第一次销售行为是走近客户的敲门砖，那么真诚就是维系关系长久的金钥匙。老客户就像你的朋友一样，要不断地交流感情、沟通心灵，要时刻掌握对方的渴望和需求。当你得知他有需求的信息时，要不失时机地抓住他的心理，向对方介绍你的最新产品，但是有别于新客户的是你必须表现出你坦诚的胸怀，拿出对朋友和家人的那种真诚来，认真对待每一位客户，真正做到想他人之所想，急他人之所急，把客户当作自己的家人，用这种精神去对待你的每一位客户，新客户就会自动加入到老客户的行列中来。

对新客户的销售：博取信任，拉近心理距离

你想让你的新客户与你形成怎样的关系，关键在于你自己是怎样想的，又是怎样去实施的。销售的方法虽然很多，但与客户联络感情，拉近心理距离，触动他最敏感的那根购物神经的方法之一就是让对方在与你相处时有亲切感、安全感和信任感，这是促进销售的最大保障。

【实战案例】

有一次，一位中年妇女走进吉拉德的展销馆，说她想在这儿看看车打发

一下时间。闲谈中,她告诉吉拉德自己想买一辆白色的福特车,就像她表姐开的那辆,但对面福特车行的销售员让她过一个小时后再去,所以她先来这儿看看。她还说这是她送给自己的生日礼物:"今天是我55岁的生日。"

"生日快乐!夫人。"吉拉德一边说,一边请她进来随便看看,接着出去交代了一下,然后回来对她说:"夫人,您喜欢白色车,既然您现在有时间,我给您介绍一下我们的双门轿车——也是白色的。"

两个人正谈着,秘书走了进来,递给吉拉德一捧玫瑰花,吉拉德把花送给那位妇女:"祝您生日快乐,尊敬的夫人。"

她的眼眶湿润了,显然她很受感动。"已经很久没有人给我送礼物了。"她说,"刚才那位福特车行的销售员一定是看我开了辆旧车,以为我买不起新车,我刚要看车他却说要去收一笔款,走开了,于是我就上这儿来了。其实我只是想要买一辆白色车而已。只不过表姐的车是福特牌的,所以我也想买福特牌的,现在想想,不买福特牌的也可以。"

最后她在吉拉德这儿买走了一辆雪佛兰,并写了张全额支票。其实从头到尾吉拉德的言语中都没有劝她放弃买福特而买雪佛兰。只是因为她在这里感受到了重视,有一种亲切感,于是放弃了原来的打算,转而选择了吉拉德。

新客户对销售员是陌生的,缺乏信任,因此新客户对销售员有着本能的防备心理,所以,成功销售的第一步,恰恰是对这种防备心理的突破。从这则案例中我们可以获得这样的销售启示:不管客户是多么的千差万别,只要能拉近与客户的心理距离,你就有胜出的希望。

【实战点拨】

那么,在面对一位新客户的时候,销售员要注意哪些,才能消除客户的陌生感,拉近与客户的心理距离呢?

1. 找到客户感兴趣的话题

拉近与新客户的心理距离,良好的沟通将起到很重要的作用。怎样与一位新客户建立一种沟通交流的关系呢?你应先找到他感兴趣的话题,并试探性地附和他,从而促成心理距离的贴近。拉近与客户的心理距离,投其所好地引发他主动与你交流的兴趣,是成功交易很关键的环节。让他愿意靠近你,不再感到陌生,彼此之间的亲切感能助你一臂之力。

2. 有绝对的质量保证

对于新客户，质量过硬的商品是赢得他青睐的一个重要因素。对于新客户来说，初次打交道，不但彼此之间缺少了解，更谈不上什么信任感，为了减少日后的舌战之苦，你必须向他推荐质量过硬的产品，才能让他对你产生信任感。

无论销售员多么聪明能干，你所销售的产品如果没有过硬的质量保证，照样是没有用武之地的。销售技巧的运用源于产品质量的基础保证，只有这样才会有客户源源不断地光顾。假如你销售的是一堆假冒伪劣商品，相信尽管你磨破嘴皮子，也没有人理会你的存在。

3. 对新客户要舍得

前面说过，客户都有占便宜的心理。所以，在销售学中，"舍"也是其他一切销售技巧的立足点和最根本的所在。在真诚的"舍"的基础上，再拿出百分之百的热情，对客户有针对性地、有目的地打开你的心扉，去赢得客户对你的首肯，这样，就能化难为易，变希望为现实。

4. 用热情去征服客户

大哲学家爱默生说过："有史以来，没有任何一项伟大的事业不是因为热情而成功的。"客户往往只能以你的态度给予你同样的回报。所以说，无论是经营什么，只有热情和真挚才能赢得新客户的光顾和青睐。当然，热情的表现一定要适度，否则会有负面影响，让客户以为你是装腔作势。

5. 用耐心去打动新客户

对于从未与你有过往来的客户，他对你的警惕性一般会很高，想要一锤定音地顺利销售的可能性不大。一个销售员一生中遭到的拒绝远远大于被接受，这就需要你付出耐心了。对于新客户，一次说服就能成功地让对方接受你，这种概率在工作中是微乎其微的，通常是要靠一次一次坚韧耐心地努力争取，才会成功。所以，面对新客户时，不要害怕被拒绝，要执著努力，奇迹是会出现的。

对男客户的销售：给足面子，让对方有满足感

有人说，在动物界，雄性往往比雌性在外表上看起来更漂亮，如禽类就是个典型的例子。但人类却与动物界相反——雌性的女人往往比雄性的男人在外表上看起来更漂亮，难道男人不爱漂亮？不是的，因为从动物界看，雄性应该是喜欢漂亮的，男人应该有这样的内在需求。最合理的解释是，女人会通过打扮让自己外表上看起来更漂亮；男人更多的是从心理上追求某种满足感，这就是男人爱面子的根源。我们无法考证这个论断的科学性，但从现实生活中容易看出，世上所有的男人，无论高贵的，贫穷的，美的，丑的，往往都是爱面子的。这可以说是男人的共性特点，更是男人比较普遍而显著的心理特征。因此，销售过程中，摸透了男客户的心理，也就掌握了他们的购物习惯。

【实战案例】

周六的早晨，大卫让员工小王把一箱刚进的衣服挂出去，分别列在橱窗的两侧，把颜色好的单挂了出来。摆完之后，大卫让小王在每件衣服上放一个价签。一个价签上是120元人民币，另一个标签写上240元人民币。小王不解地问："这是为什么？这些衣服都来自同一个厂家，并且质量也都一样，而一个价钱多很多，客户能买吗？"大卫回答："每一种产品总会有一种以上的市场需要。"

后来，小王发现了，客户不一定都选择最便宜的，有的男客户看见价格便宜的，很是不屑一顾，他们觉得价钱高说明牌子好。甚至连比较一下都懒得做。他们常常会花高价购买衣服，而且这种男士大有人在。

同一种商品，紧挨着排列，却标上不同的价格，但有人就是愿意买贵一点的。大卫顺利地卖掉了240元一件的衣服，而那些价格标得低的却成了积

压货。为什么？小王很不解，有经验的大卫给小王解释说："有的客户，尤其是男客户，更愿意买贵一点的东西，他们觉得那是他们最好的选择。他们认为这种价格高一点的衣服，质量更好，穿上去也气派，有面子。知道吗，他们不仅是在买商品，同时也是在买满足感。"

当然，一种产品卖不同价格是有失公允的，抛开它消极的一面不谈，但最起码说明大卫掌握了男客户的一种心理需求。从这方面来看，他的销售技巧是成功的。对于男客户来讲，他们的心理需求是什么呢？不管是出于自尊还是虚荣，男人大都是爱面子的。所以，在销售的时候，让男客户觉得面子十足，是销售员成功销售的策略之一。

【实战点拨】

在推销的过程中，哪些方法能迎合男客户要面子的心理呢？

1. 在名牌效应上找突破点

男士买东西，他们大多都是比较偏重于名牌的，至于价格，在这类人群当中，一般不起太大的作用。在男人眼里，名牌能代表一个人的价值、身份、地位、修养和品位，是成功的象征。另外，男士们出入的场合一般比较正式，所需求的服饰等商品也应该是上档次的。所以，一般来说名牌产品比较能揽住男客户的心。假如进你店里的是一位风度翩翩的男士，你向他介绍你的产品时，不妨强调产品的品牌效应，这样就容易成功销售。

2. 低姿态也许更容易有所收获

与女人相比，男人往往有大男子主义，所以天生霸道，这时，低姿态也许更容易收获成功销售。假如有一天一位绅士光顾你的店，怎样不轻易地让他空手而归呢？教你一招：真心地向他求教，使他觉得自己在你心中是个了不起的人物。因为一般的男人都特别喜欢别人把他当作老师，向他请教问题。当男客户在你这里得到了尊重，也就不好意思拒绝你的推销了。

3. 给予对方荣耀感以赢得交易

人在很多时候需要用荣耀感来满足自己，尤其是男性，尤其是有身份、有地位的男性。假如你在成交之前给他戴一顶"高帽子"，特别是他女朋友在场的时候，那么，你的成功几率就非常大了。诸如一句"像您这样风度翩翩的男士，就应该穿这样的名牌服装"，往往会令男士笑逐颜开。他在得到心理满足之后,能不飘飘然地打开钱包吗?

4. 不妨向男性推荐女性用品

对女人的态度,最能体现男人的修养。向男性推荐女性用品,是给予男客户展现良好修养的机会,给予人"暖男"的好印象,所以一般男客户都是会欣然接受的。在给男客户推荐女性用品时,千万不要拣太廉价的,否则男人会觉得很没面子,认为你是瞧不起他。此时,你向他推荐的商品贵一些是无妨的。

的确,有些男性喜欢购买一些女性用品来取悦自己的女友或者妻子,但令人遗憾的是,很少有人向他们推荐此类物品。所以,要想成为一个成功的推销高手,必须学会运用心理学。

对女客户的销售:让销售变成一次美好的相遇

与男人相比,女性比较弱小,天生缺乏安全感,有强烈的被保护心理。女性往往是爱美的,偏向于感性,所以对于销售员来说,温柔的语言,美好的环境,都是征服女客户有效的武器。另外,女性客户购物,往往不是以买商品为目的,她们购买的是心情,更多的是心情的释放,生活的解压。所以,让销售变成一次美好的相遇,对女性客户具有超强的"杀伤力"。

【实战案例】

周六,虽然天有些燥热,但周沐还是想去逛逛商场。一是想通过购物放松一下心情,二是她想买一条裙子。

走进商场,她被一家店面吸引住了:整个店面挂满了各式各样的裙子,有很多款式都是她喜欢的。

周沐不由自主地走了进去。

这时,一个皮肤白皙、身材瘦小的销售员满脸笑意地迎了上来:"姐姐您好，这是我们刚进的款式，看看有没有喜欢的。您喝点什么，我们店里为客户预备了果汁，还有矿泉水。"

周沐摇了摇头，没有说话。

"您喝杯矿泉水吧，天热，补补水，对皮肤好。"销售员给她递来一杯水，随即跟在周沐后面。甜甜的矿泉水，一直甜到周沐的心里。

周沐在一条裙子前驻足，销售员则在她的身后柔声细语地给周沐做着相应的介绍。

"你去忙你的吧，我就逛逛。"

"进我们店，就是我们的贵客，理应为您服务。姐姐喜欢什么风格的，小妹可以为您推荐。"销售员的这番话，让周沐感到了被尊重。

很快，周沐相中了一件："我可以试试这件吗？"

"当然可以，这是今年的新款，姐姐真有眼光。这款今年卖得最好，姐姐皮肤白，能很好凸显出您的好气质。您可以先试试，试衣间就在那边……"销售员说。

周沐拿了一件去了试衣间。过了一会儿出来在镜子前左看右看，似乎不是很满意。因为对于身材微胖的周沐来说，她觉得这条裙子不能起到瘦身的作用，但她喜欢这条裙子的颜色。

"这件有点紧，肩膀不舒服，有点显小肚子。"周沐说。

"这件姐姐穿起来，从整体看还是不错的。姐姐要是信我，我给您推荐一款，姐姐一定更喜欢。"销售员说。

于是，在销售员的推荐下，周沐又试穿了另一条裙子。当她站在试衣镜前看着自己时，被漂亮的自己惊呆了：裙子完全遮盖了自己身体的缺陷，将一个完美的自己呈现出来了。

"就这条了。"周沐心里想。

"这条算是今年的绝版了，价格稍微贵一些。"销售员说，"但是，姐姐是第一次来我们店吧？您要是喜欢，可以给您八折。"

一算价格，3600元，虽然这对周沐来说是个不小的数字，但周沐还是买下了这条价格不菲的裙子。

销售员热情，自己充分被尊重、被热捧，加上完美的产品以及不错的优惠价格，一切都是"最美好的相遇"，再没有什么理由能让周沐拒绝了。

【实战点拨】

一个成功的销售员，面对女性客户时，一定要抓住她们特有的心理，满足她们的心理需求，销售就会变得很简单了。那么，在实际销售过程中，销售员怎么做，才能给予女客户美好的购物体验呢？

1. 顺从

顺从对方的意愿，替客户考虑，站在客户的角度理解她最初的想法，才会使她诚心地接受你。这种顺从方法，也是销售高手们常用的一种技巧。征服女客户最主要的是让她顺心如意，千万不要和她争辩。因为争辩时，你赢了也推销不出去东西，输了交易就更泡汤了。女性一般细腻敏感，最好不要轻易触动她的某一根敏感神经，否则，她就不会买你的东西了。

2. 赞美

赞美是赢得女客户的重要法宝。女性一般爱听赞美，把一些华丽的赞美送给女客户是最适用的。"美好的语言胜过礼物"，在与女客户交流时，美好的话语能愉悦心情，打开心扉。女性虚荣心较强，常常渴望他人关注到自己的优点，并由衷地称赞，因此女性大都喜欢听赞美的话，都喜欢得到来自他人的肯定。

3. 用偶像拉动女性的消费

因为女性比较感性，所以很容易受从众心理的影响，当你面对女客户时，她试来试去，挑挑拣拣，即使你觉得这件商品对她确实是蛮不错的，但是最后她还是用各种各样站不住脚的理由推辞了。假如你的客户是一位追求流行时尚的女性，那么，你不妨强调有某某时尚模特或影星就喜欢这样的衣服或首饰，或者说现在时尚的女孩子都在穿这种料子的衣服，那么，她就会义无反顾地买下。

4. 用小礼物赢得对方好感

女性都希望得到小惊喜，尤其是得到意外的礼物，能触发她们感性的神经。所以，让女客户在购买商品时尽量享受到一些福利，可以提高她们购买的欲望。比如在购买一件服装时，可以得到推销员送上的皮包一个，这样一来，她们就会觉得很划算。既让客户高兴又能成功交易的一举两得，才是高手的销售技巧。女性的购物心理是千变万化的，但在商家免费小礼品的诱惑下，一般会成为"俘虏"。

总之，在面对女客户时，要学会打破传统思维定式的销售方法，针对女性的心理特点，消除女性消费者的心理障碍，实属成功销售的有效途径。

对年长客户的销售：将耐心、爱心进行到底

年长的客户，性格沉稳，在购物时一般最注重产品的性价比，讲究产品的实用性。但是，年长的客户，特别是老年人，与其他客户群相比，有渴望被关爱的特殊心理。所以，聪明的销售员就要利用这种心理，想办法向老年客户不断释放关爱，从而达到销售产品的目的。

【实战案例】

有一位销售员经常去拜访一位老太太，打算以养老为理由说服老太太购买股票或者债券，为此，他常常与老太太聊天，陪老太太散步。但不幸的是，老太太突然去世了，显然这位销售员的生意泡汤了，但他仍然参加了老太太的丧礼。

一个月后，一位年过半百的女士——那位老太太的女儿来拜访这位销售员。她告诉这位销售员："我在整理母亲遗物的时候，发现了好几张您的名片，上面还写了一些十分关怀的话，我母亲很小心地保存着，而且，我以前也曾听母亲谈起过您，她说与您聊天是生活中的一件乐事，因此我今天特地前来向您致谢，感谢您曾如此地关怀过我的母亲。"

女士深深地鞠躬，眼角还噙着泪水说："另外，我母亲在临终前表示，为了答谢您的好意，要将自己留下的所有积蓄向您购买贵公司的债券。"

然后，她拿出40万元现金支票，请求签约。

对于这突如其来的举动，这位销售员大为震惊，一时间感慨万千，竟有些不知所措。

这个故事在销售界被传为佳话，也说明了大千世界无奇不有。然而这种"奇"正是一个销售员利用关爱和无微不至的服务换取的。人们常说，假如有

一天你把"上帝"感动得落了泪，成功就是手到擒来的事了。之所以老太太让女儿将积蓄购买债券，难道不是被这位销售员的爱心感动的吗？

【实战点拨】

年龄大的人一般观念传统、守旧，不爱招摇过市。他们的消费观念一般都比较实在，购买商品时也是务实的。因此，很多新型的销售手段对他们就会失去作用，必须抓住年长客户需要被重视和关爱的心理需求，对于年长客户一定要有一种坚定不移的持之以恒的服务热情，必须以爱心感动你的每一位"上帝"。

随着年龄的增长，老人更需要一种热情的关爱，更需要寻求更好的服务，这仿佛是安抚老人心灵的最好方式。

1. 耐心地接待他

老年客户有的耳聋语慢，有的行动迟缓。有时，老年人会反复询问同一个问题，甚至销售员说三五次他们也听不清楚。这时，销售员也不要面露不悦之色，要面带微笑地用简单易懂的语言高声回答。在购物时，他们还会对商品做反复比较、挑肥拣瘦、犹豫不决。遇到这种情况，一定要把他们视为自己的长辈，表现出自然、亲切的态度，说话时尽量语速放慢，声音宏亮，动作放轻。对于老年客户，一定要做到百问不厌、百拿不烦，让老年客户乘兴而来，满意而归。

2. 用爱心感动他

爱心是沟通彼此感情的桥梁，特别是年长客户，他们对爱心的感受会更深，期待会更热切。所以，对待年长客户，每一位销售员都需要献出你足够的爱心。在社会上老年人通常被称为弱势群体，有强烈的孤独感。抓住这类人群的心理特点，用一丝微笑和热情换取他们内心的快乐，让他们觉得温暖和幸福了，他们也自然会爱屋及乌地对你的商品产生好感。

3. 用怀旧情结牵动他

怀旧是一种情结，特别是年长客户，这就需要你把握住他们的心理与他们进行合作。你不妨利用这一点对他们进行产品的推销，牵动他们内心的怀旧情怀，这样让他们接受你的产品就容易得多了。

尊老爱老、关爱老人，应是销售经营理念的重要组成部分。在日常的经营活动中，对待老年客户，不妨多一点热心、耐心和爱心，以诚恳热情的态度，体贴入微的关爱，周到细致的服务，去赢得年长客户的信任。

对年轻客户的销售：用"新奇特"引发购买欲

像时尚青年这类客户，他们紧跟时代，常常站在时代的浪尖上，购买他们特别喜欢的比较时髦的产品。因此，销售员在销售过程中，必须阐述产品的前沿性、流行性，从而博得他们的喜好与青睐。

【实战案例】

客户："现在我还不需要，而且我不知道这种衣服穿了舒服不舒服，它是否适合我。况且我现在买回去也不一定能穿。"

销售员："这种衣服是最新潮的！"

客户："不行，我得过一段时间看看再买或者回去和朋友商量商量。"

销售员："人家怎么能决定您喜欢不喜欢这件衣服，它现在是最流行的款式啊！难道您不怕等下次再来时，衣服被别人买走了吗？"

客户："不可能，我觉得现在这种衣服应该没人敢穿。"

销售员："您知道香港明星××吗？前几天在参加一个电视栏目采访时，穿的就是这种衣服，效果确实不错。据说，当时她就是替一家服装公司作新款宣传的。现在，香港女孩子很多都在穿这种款式的服装。我们店是厂家直销，第一个进的他们家的货。"

客户："真的吗？哪一期节目？"

销售员："上周六的电视××套，在网上也能看到，您不妨先买回去，上网对比一下，看是不是与这种衣服相似。"

客户："多少钱？你说的是真的啊？"

销售员："绝对没错！240元，没错的。您拿回去穿穿，如果感觉还不错，欢迎再次光临。"

这桩生意总算成交了，但是用这种办法，你必须确实知道有某位明星穿过，假如不清楚在哪里见过，不妨用"好像是××，在电视几套来着。你看我确实记不住了。"用这种方法不仅可以撩起年轻客户追求时尚的心理，同时更可以使对方内心产生安全可靠的感觉："明星都穿过了嘛，用不着担心这种衣服会土气了。"

【实战点拨】

在市场上各种各样的销售活动中，用新鲜而奇特的方式留住客户的脚步，让他因好奇而产生购买的欲望，是屡试不爽的好方法。这种以"奇"标新的独特招术，对于年轻消费群体来说是一种很有效的促销方式。平铺直叙的一篇文章是不吸引人的，一件毫无特点的商品同样是不会吸引客户的。对于年轻的客户来讲，平淡无奇的东西怎么会令他驻足观看？因此，把你的技巧发挥在"新奇特"上面，说不定会给你迎来一片曙光。

1. 用前卫的商品赢得商机

时尚，前卫，这些永远都是年轻人所追求的，他们很容易受那些最前卫的东西的诱惑，所以，你销售前卫的商品，往往能达到一种引领潮流的效果，能吸引众多年轻人成为追随者。很自然，你这里的"风景"就会"独好"。

2. 运用新颖的包装扮"靓"商品

还记得"买椟还珠"的故事吗？虽然那个消费者吃了大亏，但是最起码那位卖珠的人在包装上吸引了客户。其实你也不妨运用这种"买椟还珠"的技巧，来打动21世纪的年轻消费群体。

即便在大型商场或者是普通的店铺，也可以运用类似的销售方式，把一件名不见经传的物品，加上一个漂亮的外衣，用以增加商品的附加值。事实上，确实会有不少客户就是针对这种包装而购买的，这就是销售员运用新颖的包装，让一件普普通通的商品吸引客户目光的结果。

年轻客户自有他们与众不同的消费观念。他们一般不会对普普通通的"大路货"感兴趣，你要想打动他们，要么你的商品新颖别致，要么你的包装独具一格或相当的有品位。否则，被他们拒绝也不足为奇。

3. 煽动性语言会产生奇效

年轻人需要适时地被刺激一下，以引起他们的注意，取得对你商品的主动认可，让对方打心里喜欢而没有理由说"不"。所以，面对年轻客户，用一种崭新的思维，最具煽动性的语言来吸引他们，这也是现今销售界最流行、最有效的技巧。这实际上与我们平时所说的激励法有些类似。当年轻客户面对商品犹豫不决时，你不妨用一些或鼓励或暗示性的语言来激励他们，从而达到令其购买的目的。

销售实战能力训练与提升

（一）销售心理学小课堂

主题1：不同年龄段客户的心理分析

销售员在销售过程中，应该注意到，客户的年龄对购买行为的影响也是十分明显的，不同年龄层的消费者有不同的欲望、兴趣和爱好，所购买商品的种类和结构有很大区别。

1. 老年客户的心理分析

老年客户包括老年夫妇和单身老人等。他们共同的特征就是孤寂，朋友较少。销售员向老年客户销售时，他们往往会征求家人的意见，来决定是否购买商品。因此，在作购买决定时，他们比一般人还要谨慎。

在进行商品说明时，你的言辞必须清晰、确实，态度要诚恳、亲切，同时表现出关心他的孤独。商品说明结束后，必须记住，绝不可以强施压力，或者强迫销售，你不妨多花点时间与他交谈。总之，对这类客户，必须具有相当大的耐心。

销售员向老年客户推销商品，最重要的也是最关键的一点在于：你必须让他相信你的为人。这样一来，交易不但可以做成，或许你们还能做个朋友。

2. 中年客户的心理分析

中年客户大多既有家庭，也有安定的职业，他们希望拥有更好的生活，注重自己的未来，努力地想使自己更自由自在。他们希望家庭美满幸福，因此，他们极愿意为家人奋斗。他们自有主张、决定的能力，因此，只要商品确实优良，他们便会很快买下来。

销售员对中年客户最有效的办法是表现出对其家人的关心之意，而对其本身则予以推崇和肯定，同时说明商品与其灿烂的未来有着密不可分的关系。这样一来，他在高兴之余，生意自然成交了。

3. 年轻客户的心理分析

销售员在与年轻客户谈生意时，可采用与老年客户的方式方法交谈，一样可以博得他们的好感。年轻客户的思想乐观，想改变现状，因此，如果销售员表现出诚心交往的态度，他们是不会拒绝的。

对于年轻客户，你应该表现出自己的热情和真诚，在进行商品说明时，可以用"时尚""独特"等词语来刺激他们的购买欲望。同时，在交谈时，不妨谈一谈彼此的生活背景、未来、情感等话题。这种轻松、自然的交流方式，非常有助于销售的成功。

年轻客户站在时代的浪尖上，喜欢时髦的产品，因此，销售员在销售过程中，要阐述产品的前沿性、流行性。

主题2：了解不同职业客户的心理特点

客户的职业，影响客户的消费结构以及购买产品的习惯。销售员在销售过程中，应该想到，随着现代社会的日趋复杂，职业的分工越来越细，职业对社会生活的影响日益加深，表现在商品选择意向上，职业特征直接影响人们对商品的偏爱与嗜好。按职业可对客户进行如下分类。

1. 专家型客户

这类客户心胸宽大，想法富于积极性，可以并且有意当场立即决定购买，也很清楚交易的实际情况。你如果称赞其事业很成功，就能引起他的购买欲。你除了积极且热诚地介绍商品之外，也应该经常满足他们有些自负的心理。

2. 企业家型客户

这类客户心胸开阔，思想积极，因此，通常当场就能决定购买与否，而且他对交易的实际情形也了如指掌。你不妨称赞他在事业上的成就，激起他的自负心理，然后，再热诚地为他介绍商品，就比较容易达成交易了。

3. 经理人型客户

这类客户头脑精明，面对销售员，态度有时会显得傲慢而拒人于千里之外，完全以当时的心情来决定对商品的分析及选择，不喜欢承受外来压力，只希望能按计划做自己分内的事。虽然他表现出一种自信而专业的态度，但只要你能谦虚地进行商品说明，多半还是能成交的。

4. 公务员型客户

这类客户常常无法自己决断，当销售员说明了商品的优点，他们也不会随便相信。因为提防的心理强，所以若是不积极进攻，他就不会购买。最初以稍微保守的介绍略施压力，然后慢慢地深入。若你不多花费时间及具有足够的热情，交易不会成功，所以应该乘胜追击，一气呵成。

5. 工程师型客户

这类客户一般是比较理性的，很少用感情来支配自己的行为，对任何事都想追根究底，头脑清晰，绝不可能冲动购买。因此，销售员实在很难去引起他的购买欲望。此时，你唯有衷心赤诚地介绍商品的优点，用数据说话，同时尊重他的权利，才是有效的做法。

6. 医师型客户

这类客户是具有保守气质的知识分子，他们只有在明白了商品的价值之后才会购买。销售员应该对他们显示自己的专业知识。而且，销售时必须注意维护他们的面子。

7. 警官型客户

这类客户疑心重，喜欢挑剔商品的说明。但是，若与销售员有了些共识之后，就会变得亲密。以自己的职业为荣，真心敬重他们。若彼此关系亲密了，就可能变成销售员的好客户。

8. 大学教授型客户

这类客户保守，是典型的思想家，会慢慢地考虑事物，不会兴奋，极端谨慎。关于商品，会提出其他人都不会想到的问题。若能激起其自尊心，说些赞扬他们才学博识的话，采取真心向他们学习的态度促进交易。

9. 银行职员型客户

这类客户保守且疑心重，习惯思索而不会凭一时的冲动做事。他们会以权利者的态度，多方分析、选择商品。喜欢有系统的事物，讨厌压力。对于他们，如果一面展示充满自信的专家似的态度，一面展开保守一点的介绍，还是可以说服他们的。

10. 普通职员型客户

这一类型的客户，他们希望自己及家人都能平平安安地过日子，不轻易相信他人或浪费无谓的金钱。他们希望能存起每一块用汗水换来的金钱，只有了解了商品的真正好处，才会产生购买动机。

11. 护士型客户

这类客户对于自己的职业有自尊心，认为多赚钱是为了追求更美好的生活。他们态度积极，对于任何商品都抱乐观的看法。销售员只要抱着热情的态度介绍商品，对方就会买。而且必须对护士这个职业充满敬意，以他们的诉求进行销售。

12. 商业设计师型客户

这类客户有与普通的人不同的观点来注视商品的倾向。对于将来的看法，既乐观又悲观。在思考的过程中易动摇，以多少不透明的态度凝视社会。对于此类客户，若强调商品所具有的优点就可以说服他们。但在说明商品的效用时，应该施加踏实而强烈的压力。

13. 教师型客户

这类客户由于工作的关系，善于说话，思想保守，对于任何事情若不理解就不会投入。销售员应该对教师这种职业表示敬意，倾听关于其得意门生的话。最好激起其自尊心，展开虽然积极但稍微谨慎的商品介绍。

14. 退休工人型客户

这类客户对将来非常担心，他们只能以有限的收入维持生活。因此对于购买行为，采取保守态度，决定及行动都相当缓慢。在进行商品说明时，你必须恭敬而稳重。在销售开始时，如果你以刺激的情感速求交易，他一定不会购买；你应先用耐心和具体的商品介绍引导他的购买动机。

15. 农民型客户

这类客户思想保守，自强，独立心旺盛，受人喜欢，即使有了可疑的事，也以善意接受。可以用积极而情绪化的介绍打动对方，对他们诉诸感情较有效。只要博得了信任，他们就会持续购买。但是，面对这类客户，即使彼此的关系非常亲密，也要注意礼节。

16. 销售员型客户

对这类客户可以销售任何东西。他们作风前卫，颇有个性，观念清楚，购买时会凭一时的冲动下决断。对事物抱着乐观的看法，随时寻找理想的交易。如果让他们觉得对商品内行，就能打动他们。应该适时地表现出你佩服他们身为销售员具有的知识或工作态度。

（二）销售实战思考

我们发现服装市场销售中，销售商基本是按照人的年龄去销售服装的，如童装店、青年时装店、中老年服装店，男女服装大都也是分开销售的。稍微有档次的服装店，很少将不同年龄和性别的服装混在一起销售。

问题1：请从心理学的角度解释这种市场现象。

问题2：不同年龄段的客户群，聊天的内容有什么差异？

参考答案

答案1：不同的消费群体有不同的消费特点。青年客户与中老年客户从个人需求到购物习惯都会有较大的差异。当然，男性客户与女性客户更是不能相提并论。因为性别的差异，购物风格也会有很大的差异。如果将衣服混在一起销售，店面就会失去特色。另外，适合不同年龄和性别的服装混在一起，会淡化服装的特色，产生的负面影响会削弱客户的购买兴致。

答案2：对不同年龄段的客户群，聊天内容的具体差异是：

20岁左右的客户：喜欢时尚、新潮的东西。适合与他们讨论：时装、流行音乐、上网、旅游、男女朋友等等。

30～40岁的客户：处于上有老下有小的年龄阶段，生活中心是家庭和工作。适合与他们讨论：孩子、家人、工作压力等。

40～50岁的客户：可能面临事业瓶颈、婚姻危机、家庭失和等问题。适合与他们讨论：孩子、生活、压力、健康等。

50～60岁的客户：这个年龄段的人临近退休或已经退休，儿女成人，生活处于休闲惬意状态。适合与他们讨论：孙子、孩子、退休后的生活计划等。

第7章 推销方式招招"摄心",卖出商品就会水到渠成

在推销活动中,销售员的推销手段千变万化,但目的只有一个,就是把产品卖给客户。客户能不能买你的产品,重要的是销售员的推销方法能不能打动客户。销售员在推销过程中,推销方式要掌握好技巧,对客户如果能招招"摄心",卖出商品就不难了。

完美的第一印象，让你的销售走向成功

在大多数情况下，销售员能否给客户留下好的第一印象在很大程度上影响着客户是否会接受销售员推销的产品。也就是说，个人形象对于销售员是十分重要的。销售员想要推销自己的产品，那就首先要推销自己，注重形象，让客户"动心弦"，这会为你的销售工作产生极为有利的影响。因为销售员只有把自己成功地推销给了客户，客户才有可能对你推销的产品产生兴趣。

在销售过程中，为了能够赢得客户的好感和认可，销售员应该尽力给客户一个良好的第一印象。心理学认为，第一印象的形成主要源自性别、年龄、姿态以及面部表情等外部特征，因而，一个人的穿着打扮会对留给别人的第一印象产生至关重要的影响。

【实战案例】

张正清大学毕业后，在上海一家公司做外贸产品销售工作。对于一个销售新手来说，能快速拿到大订单是很难的，但张正清做到了。

张正清是一个比较讲究的人，她一贯注重个人形象。每次在出门前，她总是按照场合的不同对自己进行精心的装扮，特别是与他人第一次接触，她非常注重给人留下良好的第一印象。

机会总是给予有准备的人，在一次产品对外推介会上，张正清保持着一贯的典雅装扮。在讲解中，她举止大方，脸上始终带着微笑。在与别人交流的时候，她努力采用高度职业化的自我展示能力和流利的英语对话。

一周后，一位加拿大客户向她订了3000万美元的大订单。张正清不仅成了公司年度最佳销售新人，更成了公司的业务骨干。之后，这位加拿大客户也成了张正清的固定客户。

在一个偶然的机会她问这位客户："那么多生产商，为什么选择了我们？"

这位客户告诉她："我是第一次来中国做生意，对中国还不是很熟悉，所以，我只能从业务员的素养来选择我的生意伙伴。您在产品推介会上给我留下了美好的第一印象，所以，我选择了你们。这是不是你们中国人常讲的缘分呢？"

心理学家发现，人会根据第一次见面时对方的服饰、发型、手势、声调、语言等自我表达方式来审视、评判你，以此决定你在他心里的位置。其实，张正清的成功并不是依靠所谓的缘分，她运用美好的第一印象的金钥匙，打开了事业的大门。世界上著名的心灵导师卡耐基说："一个人的第一印象是非常重要的，别人对你，或者你对别人都是一样。"的确，人们认识事物是一个由表及里、由浅入深的过程，在人们对你的一切都不了解的时候，绝大部分人都会根据个人的第一感觉做事，而你留给对方的第一印象是好是坏，是产生什么样感觉的关键。

【实战点拨】

"首因效应"是指第一次与某物或某人接触时留下的印象，也叫"首次效应"或"第一印象效应"。心理学家研究发现，人们第一印象的形成是非常短暂的，往往只有几秒或几十秒的时间，可就在一眨眼的工夫，人们就已经对你"盖棺定论"了。这一心理学效应，在销售中尤其重要。因为，身为销售员与客户初次见面的时间肯定不会太长。在这有限的时间里，让客户信任我们，起码不讨厌或排斥我们，是顺利进行下一步销售乃至与其长期合作的基本前提。假如客户一见面就对我们感到厌烦，那么无论我们的产品或者服务多么好，别说成交，甚至连交谈的机会都没有了。

那么，对于一个销售员来说，应该怎样把握与客户初次见面时的短暂机会，给对方一个良好的第一印象呢？

1. 穿着得体

虽说以貌取人是不对的，但是，现实中几乎没有完全不以貌取人的人。尤其是第一次见面时，穿着得体的人，总是更容易得到别人的信任。因此，对于销售员来说，我们应该首先从着装入手，让得体的着装给客户以良好的第一印象，这会容易取信于人，也许会给你的销售带来成功。

2. 使用礼貌用语

在与客户交谈的过程中，销售员必须使用礼貌用语，使客户感受到足够的尊重。通常使用最多的语言就是"请""谢谢""打扰了""不客气"，等等。这样礼貌的语言，更容易让客户得到足够的尊重，从而使销售工作顺利进行。

3. 举止端正

销售员的外在美体现在得体的衣着，那么其内在素质就体现在大方的举止和沉稳的态度上。正确而优雅的举止，可以给人一种有修养、有礼貌的美好印象，让人愿意与你交谈下去。

提高亲和力，用个人内在魅力打动客户

生活在这个世界上，我们每天早上出门都必须与各种各样的人打交道，无论是从事销售行业，还是从事其他职业，拥有良好的人际沟通能力是我们走向事业成功必不可少的基础。亲和力是衡量是否拥有良好的人际沟通能力的一项重要指标，没有亲和力的人，别人会不自觉地远离你，更不愿意与你接近，现实生活中的不少销售员就是因为没有亲和力，吃了大亏，丢掉了不少客户。

【实战案例】

一家店铺里，一位客户盯着货架上的陶瓷杯子看。

过了没多久，客户对销售员说："麻烦你拿那个紫色的杯子给我看看，好吗？"

销售员一言不发地拿了过来，交给客户。

客户拿着杯子左看右看，很细心，看完之后对销售员说："还有那个带菊花图案的，我也想看看……嗯，还有那个托盘……这几个好像都不错，可是只想挑一两个，还真不好办。"

"好东西少吧,您嫌没得挑;这好东西多了,您又拿不定主意了。"销售员说。

客户抬头看了看销售员:"那你觉得哪个更好看一些,能给我个建议吗?"

"我怎么知道您喜欢什么样子的,还是您自己挑吧。"销售员漫不经心地回答。

"那……那我再看看吧。"最后,客户什么都没买就离开了。

案例中,销售员显然是犯了在销售中没有亲和力的禁忌。如果一个销售员对客户缺乏必要的亲和力,必定会遭到客户的排斥。

【实战点拨】

作为销售员,我们要学会提升自己的亲和力。那么,应该怎样提升自己的亲和力呢?

1. 语言真诚,博得客户好感

在销售中,具有亲和力的语言能让你的客户感觉到一种亲切感。这里没有对客户的歧视和不满,没有所谓的客户等级差别,对待所有客户都一视同仁,语言真诚,说客户之所想,让客户觉得你像自己的身边人一样,对自己的心思很了解,因而对你有极大的好感。

2. 态度诚恳,赢得客户信赖

诚恳的态度是提高亲和力的重要一点。作为销售员,当你面对客户的时候,不要摆出一副玩世不恭的样子,说话没有重点,没有根据地乱说一气,而且还故意夸大事实,这会使客户觉得你很轻浮,不值得信赖,就很难与你达成交易。正确的做法是应该拿出你最真诚的一面,言辞恳切,句句在理,让人听着舒服,觉得你是一个可靠诚实、很有亲和力、值得信赖的人,进而对你产生极大的认同感,对你的产品也会产生购买的欲望。

3. 随和解释,赢得客户佩服

销售员要想取得客户的信任以利于沟通,就要注意在言谈举止方面大方自然,不要清高自傲、孤芳自赏,该坦率、直露的地方绝不含糊其词。

4. 主动攀谈,求得客户认可

言为心声,主动用语言与客户交谈,客户才能更好地认识你,你也才能更好地了解客户。以主动攀谈的方式与客户沟通,可以促进与客户的深度交流,赢得客户的认可。

想吸引客户，一定要有耐心听客户说话

倾听，是人们建立和保持关系的一项最基本的沟通技巧。倾听是人际关系的基础，如果没有积极的倾听，就难以保证有效的沟通。倾听能够让我们获取更多有效信息，是正确地认识他人的重要途径，尤其对于销售员来说，倾听的作用更为突出。在销售过程中，注意倾听，客户就会滔滔不绝，销售员从中就能听出客户的需求，大大提高销售成功的可能性。

倾听这种"无言推销术"，让客户感受到你足够的热情和诚意，从而使客户消除戒备心理。在大多数销售活动中，与客户交流时，倾听比口才更重要。

【实战案例】

飞飞这天约见一位客户，她提前到达约定地点，却收到对方的信息说因为加班而要晚到一会儿，飞飞回了个"没事，我等您"，之后就开始了百无聊赖的等待，这一等就是两个小时。

客户终于出现了，可飞飞的心气早已涣散了。但是工作还是要完成的，毕竟约到一位客户不容易，于是飞飞依然保持热情，毫无怨言地和对方聊起来。而客户大概是刚加班结束，神色疲倦，一肚子的苦水想倒，这会见了飞飞便噼里啪啦地宣泄一通，从单位领导到同事吐槽了个遍。飞飞听着，脸上勉强堆着笑容，一边应和，一边在心里给自己鼓劲儿："再坚持一会儿，再坚持一会儿就好……"

可是客户像是找到了倾诉对象，东拉西扯地说了半天，终于等飞飞插上嘴，把话题牵到正事上的时候，客户依然兴致勃勃，大讲特讲自己的认识、经验和观点，飞飞只有一旁赔笑点头的份，这令飞飞哭笑不得。

"……所以我说啊，任何产品都得看适不适合自己，有时候别人吹上了天的，自己一用，发现也就那么回事，到头来也不知是人家说得不对，还是自己用得不对。"客户喋喋不休地发表着自己的意见。

飞飞始终笑着回应："是啊，我们做美妆的，也是得靠自己的经验积累，针对不同的客户提供不同的服务。"

"嗯嗯，我听介绍你给我的那个朋友说，你们家顾问非常专业，服务态度也好，现在看来，确实如此啊，你看，今天让你等我这么久，还听我说了那么多废话，真是辛苦你了。"客户看飞飞从始至终都那么配合她的情绪，十分感动，又不禁对自己的迟到愧疚起来。

"哪儿的话，和您聊天挺有意思的，况且，您说了这么多，我也听明白了很多事，您的脾气性格，作息习惯，护肤习惯什么的我都有了一个大致的了解，以后咱们打交道的日子还长着呢，这些啊其实都有助于我的工作呢。"飞飞谦逊地回道。

客户听了这番话，不仅愧疚之心得到了安慰，也更加信任飞飞的专业水平，再加上她的耐心和体贴的态度，当下就决定了与她的合作。

在销售中，耐心是销售员最好的美德。销售员可能会千方百计地体谅客户，但客户却并不一定体谅我们，当事情的发展并不如你所期待的那样顺利，当耐心值频频告急的时候，只有我们自己给自己"坚持下去"的鼓励，再多忍耐一会儿，再坚持一会儿，你的付出一定会有回报的。

【实战点拨】

从某种程度上说，销售员就是客户的代言人，他们的购买意愿只有通过我们才能达成。客户因为信任我们，才会将他们心里的想法向我们倾诉，以便通过我们为自己选到最合心意的产品或者服务。如何才能达到好的倾听效果呢？

1. 聚精会神地倾听

要有一种真诚的倾听心态，销售员要把倾听客户的诉说当作责任和义务，全神贯注地倾听客户所说的每一句话，感同身受，正确理解客户的诉说，耐心细致倾听客户的意见。

2. 不要随意打断客户的话题

倾听客户的意见时，切忌随意打断客户的话题，要让客户把话全部说完，并迅速找出关键点。中间即使有话要说，也要等客户说完后，再发表自己的见解或看法。否则，有可能因为我们的打断，使客户误解了我们，不愿再把内心真实的想法说出来。

3. 适时地重复客户的话

要适时地重复客户说到的关键信息，并记录关键词，适时以得当的肢体语言回应，比如微笑或点头，适当提问，适时沉默，使谈话有条不紊地进行下去。

4. 用简单的话语认同对方陈述

客户在向我们倾诉时，我们一定要及时说一些如"嗯""噢""我明白""是的"等话语进行回应，来认同对方的陈述。要不时说一些"说来听听""我想听听您的想法"等话语来鼓励客户与我们谈论更多的内容，从而使我们能听到客户更多、更真的心声。

总之，在销售过程中，销售员说话永远不是最重要的，善于倾听才是最重要的。许多经典的销售实例都是从倾听开始的。倾听是一门艺术，越懂得倾听的艺术，越能越过客户的心理防线，发现问题，解决问题，从而赢得客户的心，与客户建立有利于销售的良好关系。

百听不如一"验"：让客户亲身感受产品

推销产品，销售员运用最具有诱惑力的生动描述，再加上客户的亲身尝试感受，往往可以让客户产生更强的购买欲望，所谓"百听不如一'验'"，能见到真实的产品，并且能够亲身感受、试用产品，必然会大大提高客户对产品的兴趣，提高销售业绩。而且，无论你对产品的介绍是如何美妙，客户心中总是存有疑惑的，不如让客户亲身体验产品更放心。客户亲身体验产品，还可以省去销售员很多话语，产品的性能和特点都在客户体验中表现出来，不需要你费尽心机去说服客户。

【实战案例】

一天,乔·吉拉德在汽车公司的展厅中看到一位女客户,那位客户围着一辆崭新的车转来转去,显出特别喜欢的样子。

于是吉拉德上前为她介绍这辆车的性能。并对她说:"夫人,您可以坐上去试试看。"

这位女士显得很惊讶:"对面的车行里每辆车都写着'请勿触摸',你们的车真的可以试试吗?"

"当然可以。"吉拉德微笑着说。

这位女士坐在车里,操作了一番说:"这款车真不错。"

"那您决定买这辆车吗?"

"我再考虑一下吧,不知道我丈夫同意不同意。"

"夫人,这辆车真正驾驶起来是很舒服的,您愿意的话可以把它开回家体验一番。"

"真的吗?"这位女士觉得很不可思议。

最终,这位女士购买了这辆车,因为她把车开回家后,丈夫对这辆车也是赞不绝口,同意她购买。

乔·吉拉德之所以售出了这辆车,是因为他在让客户体验产品性能方面做得很成功,让客户了解到了这款车的方方面面,满足了客户的好奇心。其实每个人都有很强的好奇心,特别是对自己不太了解的产品,都喜欢亲自接触和尝试。不管销售员销售的是什么产品,假如可以让客户亲自参与、接触产品,就能够吸引他们,让他们了解产品的性能,从而有很大的把握把产品销售出去。

【实战点拨】

常言说:天下没有免费的午餐。但正是因为在"免费"的驱动下,才会有一大批客户愿意去体验和尝鲜。人们往往在没有完全认识到某种事物时,会有一种陌生感,这种与事物之间无形的距离阻断了客户与产品之间发生反应和联系。销售中推出的体验活动,正是打破这一隔阂的最有效方式,体验是客户接触产品和熟悉产品的过程,是驱动客户购买心理的第一步。抛砖引玉的体验模式，在当今销售活动中使用率高达65%，为很多商家所采用。

体验的过程就是客户消除心理芥蒂的过程，客户体验的感觉好了，对产品和销售员的感觉自然会好转。酒香不怕巷子深，好的产品谁会不动心呢？体验并不意味着销售员的亏损，因为这种体验为下一步的购买埋下伏笔，而体验的实质也就是舍小取大的销售原理。

先体验后购买应该如何顺利实施呢？

1. 选择小部分适用人群体验

体验自然是为后面的购买做铺垫的，获利还是销售的第一要义，没有人会做亏本的买卖。所以在制订客户体验计划时，应该提前预算成本，选择产品适用人群，即选择那些体验产品之后效果最明显的群体，若是推荐给那些根本不需要产品的客户，体验是没有任何意义的。

2. 帮助客户养成体验习惯

据科学研究，一个人一个月坚持做一件事即能养成一种习惯，如果突然停止的话就会觉得不适应。那么在客户体验的过程中，我们不妨在成本之内延长客户的体验时间，给客户营造一种宾至如归的感觉，让客户沉醉在享受之中，当他们习惯了产品之后，就会对产品产生依赖的心理。

3. 体验之后，强力推出优惠活动

当客户开始思考产品对他们带来的实质意义上的好处时，说明客户的购买心理已经在蠢蠢欲动了，这时不妨给客户来一剂"强化针"，推出一些大型的优惠购买活动，在降价或打折的驱动之下客户就会主动考虑购买产品了。

选择恰当的时间和场合，才会有成功的销售

注意挑选恰当的时间和场合来引导客户的情绪朝有利于销售的方向变化，是成功推销的一种"催化剂"。当然，时机不会凭空而来，需要你等待甚至去

第7章 推销方式招招"摄心",卖出商品就会水到渠成

制造;时机也不会总有,需要你迅捷地抓住。

【实战案例】

洛杉矶西北的一家房地产公司开发了一片住宅区,这片拥有250幢房屋的住宅区其售价在每平方米1795～19950美元之间。经过数年之后,只剩下18套房屋还未售出。这批未售出的房屋全部位于罗斯利路。由此便可以推出,这个区域必然有着与众不同的地方。的确距离这批房屋20英里远之处,有一道围墙,围墙的外边就是铁路,一天24小时之内火车会经过这里3次。

一位著名的销售员向开发商提出要担任这批房屋的经纪人,但却遭到了拒绝,尽管这位销售员用一封信继续向他们请求,但仍然是徒劳无功。

几个月过去了,当那位销售员驾车从他比佛山的办公室旁经过时,便下定决心要与开发商约定一个会面时间,令销售员惊讶的是,他们居然同意了。由于这18套房子仍然无人问津,尽管投放了大量的广告宣传,大部分客户在电话里一听地址在铁路旁就不再咨询了。很明显,开发商愈来愈为此焦虑不安了。

开发商说:"你一定是要我削价出售这批房子。"

"不!"销售员回答道,"相反地,我提议您抬高售价,还有一点,我会在这个月之前将整批房子卖出去。"

"它们已经在那里躺了两年之久了,你现在告诉我,你会在一个月之内将它们完全卖出去?"他不相信地问道。

"您想听听我的解释吗?"销售员说。

"是的。"

"就像您所知道的一样,先生,每当房屋经纪商开放一间待售房屋时,人们一定会前往参观。"销售员说道,"我们将一批一批地展示这些房子,而且选择在火车驶过的那个时候展示。"

"你疯了不成?"对方大声吼叫道,"我们之所以无法卖出这些房子,就是这该死的火车在作祟!"

"请让我说完。"销售员平静地回答说,"我们准时在每天早上7点钟和下午3点钟开放房屋让人参观,这样必会引起人们的好奇心。也就是说,这时人们的感情会因想一睹为快或探个究竟而出现波动,是推销的最好时机。我建议在展示的房屋前面挂上一个牌子,在上面写道:'此栋房屋拥有非凡之

处，敬请参观。'首先把客户吸引过来。"

对方吃惊地张大了嘴巴。

"接着,"销售员继续说,"我要求您将每户的价格抬升 250 美元，然后用这笔钱为每户买一台彩色电视机。"在那个时候，拥有一台彩色电视机是一件十分了不得的事，绝大多数人都还只有黑白电视机可看。真是令人无法相信，开发商同意了他的计划，购买了 18 台彩色电视机。

在每一次参观开始之后的 5～7 分钟，火车会准时从罗斯利路旁隆隆驶过。这样，在火车轰轰驶来之前，销售员只有几分钟时间对买主们进行推销。

"欢迎！请进！"销售员在门口招呼人们进来。"我要各位在这个特别的时刻进来参观，是因为我们罗斯利路上的每一栋房子都有着独一无二的特点。首先，我要你们听听看，然后告诉我，你们听到了什么。"

"我只听到了冷气的声音。"总会有人这么回答。

其他听众则露出好奇的表情，好像在说："这里会有什么？这个人到底要干什么？"于是感情的开关被启动了。

"没错,"销售员回答说,"但是如果我不提出来，你们也许不会注意到这个噪声，因为你们早已习惯冷气机的声音了。然而我相信当你们第一次听到它时，这个声音一定会引起您的注意，您会发现一旦习惯了噪声之后，它们就不会对我们造成干扰。"

销售员接着带领人们走进客厅，指着那台彩色电视机说："开发商会随同房子将这台漂亮的彩色电视机送给你们。他这么做是有道理的，他知道你们将不得不适应一段 90 秒钟的噪声，一天 3 次。"

"各位，我要让你们知道，火车一天经过 3 次，每次 90 秒，也就是在一天中共有一分半钟的时间火车经过，现在，请问问你们自己，是否愿意忍受这点小噪声来换得住在这栋美丽的房子中，并且拥有一台全新的彩色电视机呢？"

就这样，3 周之后，18 栋房子全部售出。

这位推销大师的成功，是他巧妙地利用了火车到来的那一瞬间，先让客户的感情掀起波澜，并让客户亲自体验到那里存在的特殊情况对居住并无太大影响，再加上赠送的一台彩色电视机，这一氛围更有效地刺激了客户购买的心理。他用自己的智慧，首先吸引客户前来参观，并利用火车到来的短暂时间进行推销，并证明噪声是可以被忽略掉的，紧接着用一台彩色电视机来更进一步烘托了购买气氛，可谓环环紧扣，时间、地点和感情把握得恰到好处。

【实战点拨】

聪明的销售员是会选择合适的时间和地点与客户交流的，只有愚笨的人才会只顾自己的方便，盲目地进行访问。这种访问遭到拒绝乃是意料之中的事。那么，销售员如何选择时间和场合呢？

1. 时间选择

时间就是金钱，就是机会，所以销售员必须用心安排自己的访问时间，并选择好适当的地点，以免因择时不当或场合不宜而遭到客户的拒绝，失去与客户见面的机会。

客户因性格、职业和生活习惯的不同，情绪在每个时间段也会有不同的波动。销售员在安排时间时应彻底了解客户的这些特点，争取能够做出弹性的安排。

2. 地点选择

选择恰当的时间是成功的一半。当然，时间对了场所不适合也会让你很难堪。比如一些人利用空闲时间约朋友聚会喝酒，在这个场合，如果你提出要向他们推销商品，效果一定不会好。所以，选择恰当的时间和推销地点是推销中至关重要的环节。

只有强而有力的证明，以及环境的烘托和感染，才能有效地说服客户，使客户产生极大的好奇心和信赖感，并促使他们立刻行动，进行购买。因此销售员要善于利用环境，给自己制造气氛，增加自己的信心，消除客户的疑虑，获得客户的信赖，最终说服客户。

在销售中，光靠销售员苦口婆心地劝说，有时候并不能起到太大的作用。善于借助环境的影响力，则可以给自己增添气势，用这种不可违背、具有威慑力的氛围，感染客户，帮助自己有效地推销产品。

制造悬念，利用客户的好奇心理促成交易

人人都有好奇心，关键是你如何巧妙地加以运用，以达到接近客户的目的。对自己不熟悉、不了解、不知道或与众不同的东西，人们往往会格外注意。制造悬念，是为了激发客户的好奇心，从而让客户关注你的解说，制造的悬念要与销售的产品有关，不然客户会感觉受到了欺骗。

【实战案例】

1980年，美国人其特·威廉姆斯写了一本名为《化装舞会》的书。在这本书的首发式上，作者其特·威廉姆斯说出这样一段话："我写的这本书是一本儿童书籍，我非常希望小朋友们能够喜欢我这本书。我出版这本书，一方面是为了答谢小朋友的支持；另一方面，我这里还出了一道题，这道题就是书中的那幅画，小朋友可以根据书中的文字和图画来猜出这件'宝物'的埋藏地点，我希望能给我的小读者一个惊喜，因为'宝物'是一只制作精巧、价格昂贵的金质野兔。"

其特·威廉姆斯说这些话的地点，是全美国最著名的书店。而这次的首发式，威廉姆斯还请来了明星来给自己压阵，同时伴有许多媒体的记者朋友。第二天，各大报纸杂志和电视台都相继报道了这一神奇的《化装舞会》的首发式，一下子整个城市几乎都为之惊奇，一夜之间人们好像都知道了作者威廉姆斯的《化装舞会》。

接下来其特·威廉姆斯真正忙开了，这一家媒体刚采访完，另一家电视台又约上了。大家的这种关注，不过是想弄个明白，书中说的"宝物"真的是一只金兔？这种效果正是威廉姆斯想要的。

威廉姆斯的《化装舞会》成了一本众所周知的宝书，在当时，销售量是连升不下，出版社也翻印了许多版，才能勉强满足读者的需要，不但数以万

计的青少年买，就连成年人也怀着浓厚的兴趣按自己在书中得到的启示到处寻找宝物的地点。这样一来，这本《化装舞会》就成了众多寻宝者的指示图了。买到书的第一件事情，就是观察那幅图画，开始研究和分析图画中的藏宝地点究竟在哪里。据说当时在那本书畅销不衰的时候，在美国的土地上留下了无数个被挖掘的洞穴。

因为宝物只有一个，当然大多数的人只是空手而归，也只能埋怨自己的运气不好，但却没有一个人指责作者威廉姆斯，因为最起码他的那本书给大家的生活带来了一缕灿烂的阳光，它也可以说是作者威廉姆斯和众人开了一个神话般的玩笑。他让那些成年人又重新回到了安徒生的童话世界，让孩子们真真正正地体会了一个童话故事中的主人翁的生活，最终，一位48岁的工程师在城市西北的一个小村庄里发现了宝物金兔子，这个时候一场大众共同参与的"挖穴运动"才宣告结束，而这本《化装舞会》已经售出了3200多万册。

1984年，威廉姆斯再出新招，他又写了一本仅30页的小册子，内容是关于一个养蜂者的。他在书中描述了一年四季的变化，附有16幅精致的彩色插图，书中的文字和幻想中的图画包含着一个深奥的谜语，那就是该书的名字。这本独特的、没有书名的书同时在7个国家发行。

作者要求不分国籍的读者猜出该书的名字，猜中了就可以得到一个镶着各色宝石的金质蜂王饰物，此乃无价之宝。猜书名要求不能用文字写出来，而要将自己的理解通过绘画、雕刻、歌曲、纺织物或烙饼的形状，甚至用编入电脑程序的方式诏示出来。威廉姆斯则从读者寄来的各种实物中悟出其要传递的信息，然后，再将其译成文字。虽然，谜底并不偏涩，细心读过小册子的读者，十之八九都可以猜到，但只有最富于想象力的猜谜者才能获奖。开奖日期定为该书发行一周年之日。届时，他将从一个密封的匣子里取出那唯一写有书名的书，书中就藏着那只价值连城的金质蜂王。在不到一年的时间里，该书已经发行销售了百万册，获奖者是谁鲜为人知，而威廉姆斯本人却因为这本没有书名的书闻名世界了。

这就是威廉姆斯巧妙地运用轰动效应来推销自己的新书的两次成功例子。书是一种文化产物，它最容易引起人们的关注，所以这种商品也比较适合运用这种方法来制造声势。而威廉姆斯成功的关键，是他抓住了人们好奇的心理，找到了拓展市场的方法。所以，找一个人们最敏感的话题，巧妙地利用它，也许同样能改变目前你的销售僵局。

【实战点拨】

在实际销售过程中,销售员也可以尝试利用客户的好奇心,通过设置悬念,引起客户的注意,吊起客户的胃口来打开销路,售出产品。尤其是当你试图与客户建立联系却遇到难以克服的障碍时,你的确需要利用人们与生俱来的好奇心理作为攻坚利器,借助客户的好奇心理与客户建立起联系。因为在你满足了客户好奇心的同时,他们也就会自觉地接受你的意见了。

一般来说,使客户感到好奇的原因有很多,包括刺激性语言、新奇的东西、只提供部分信息等,销售员可以根据实际情况选择不同的推销技巧。

1. 使用新奇的提问方式

提问,是很常用的推销手段,但提问的技巧却不是人人都精通的。当你直接问客户需要什么产品或者服务时,很可能客户自己也不知道需要什么,但是如果你能用一个比较新奇的提问方式勾起客户的好奇心,推销活动便有了一个良好的开端。

2. 不要透露出所有的信息

如果在你拜访客户之时,他们就已经了解了他们想要了解的所有信息,他们为什么还要非见你不可呢?所以,销售员面对客户的时候,要有所保留,不要把关于产品的所有信息一下全部透露给客户。如果只是听到关于产品的部分信息,他们一定还会想要了解更多的信息,你要勾起客户的这种欲望。如果他们开口询问,销售员就达到了主要目的。

3. 为客户提供新奇的东西

对于没有见识过的新东西,人们往往都想快点见识一下。销售员可以通过提供新奇的东西来激发客户"一睹为快"的好奇心。

4. 制造悬念

制造悬念没有固定的套路,没有现成的模式可以遵循,可以使用成语、典故、诗词歌赋等,甚至一句广告词、一个动作、一个字,都可以用来制造不同形式、不同内容的悬念。

利用悬念需要注意很多问题,避免用错,引起客户的反感。

(1)悬念要与销售的产品有关,这种有关可能是直接的,也可能是内在意义上的。但如果销售员制造的悬念与产品无关,销售员的努力只能白费。

(2)采取的方法不能让人感觉怪诞,销售员可以运用各种类型的制造悬念方法，但这种方法必须是有道理可循或有事实依据的，不能凭空捏造一些奇谈怪论来吸引客户。

（3）要让客户真正感到好奇，悬念的针对目标是客户，销售员的方法不能只是自己觉得好奇，而忽略了客户的心理感受。

制造悬念是销售员应该具备的能力和技巧，除了要具备广博的知识外，还要揣摩客户的好奇心理，仔细进行编排，这其实是一门巧妙的艺术，是需要销售员花费力气，下一番苦功琢磨的。

坦诚相告，让客户自己选择

金无足赤，人无完人，每一件产品不可能百分之百在每个方面都做到极致，一味地"王婆卖瓜，自卖自夸"，不仅不能让客户发自内心满意，也会因为说话太满而断了自己的销路。购买，其实是权衡利弊的大小，把利益最大化的结果。理性的销售员应该正视每一件产品，把产品的优缺点坦诚地摆在客户面前，让客户选择最适合自己或性价比高的产品。

【实战案例】

小林家的衣服经常以款式和品种的多样化赢得客户的青睐。今年秋季，她们家又比别的商家捷足先登地上了新款服饰，这些新上的衣服款式紧跟时代潮流，采用了最先进的花纹勾边技术，在销售中占据着绝对优势。

今天小林值的是下午班，一进店里，就看到有两三位客户凑在一起看衣服，她们的手里正好拿的都是刚刚上新的衣服。小林连忙上去招呼她们，想要帮助她们挑选合适的号码试穿。小林对着离她最近的一位姑娘说："衣服可以随便试，您比较瘦穿最小码的就可以了。"姑娘拿了衣服，很开心地就去试穿了。原来其余的两位姑娘跟她是一起的，她们也分别在小林的推荐下选择了自己喜欢的款式进行试穿。

不一会儿，三位姑娘都穿上新款衣服出来了，小林又帮着她们整理衣服的领口、腰带等。确实是人年轻衣服也漂亮，几位姑娘的装扮让人眼前一亮，她们彼此互相对比着看看，对衣服很满意。就在她们询问好价格，准备购买的时候，小林却一本正经地告诉她们这些新款衣服的缺点。小林说："这款新上市的衣服采用的是新面料，看起来比较高档，花色比较柔和，比较适合你们这些年轻人，上班休闲时都可以穿，但是唯一的缺点是这个面料容易脱线，这也是这款衣服的美中不足之处。"几位姑娘听了面面相觑，似乎一时拿不定主意了。见状，小林又开口了："不过这款衣服确实新颖大方，是今年秋款衣服的主打潮流，接下来即将上市的衣服基本也是采用这种面料的，这种面料既然被选择用来大批量使用，它的质量还是有一定的保障的，脱线的情况也是可以解决的，只要不用洗衣机洗衣服就不会脱线。"

几位姑娘听了之后脸色稍稍舒缓了一些，小林又告诉她们今年上新的衣服还有一小部分采用的不是这种面料，款式也很漂亮，只是质地就没有这种面料柔软了。小林把两种衣服的优缺点都坦诚地告诉了几位客户，等待她们的选择。只听有位姑娘跟同伴说："第一种面料摸着软，穿上也舒服，拿回家去，用手洗也不是什么难事儿，咱们穿衣服，还是款式第一。"其他两位姑娘听她这么一说，也都随声附和，三个人还是决定购买第一回试穿的衣服。

有些销售员唯恐自己的产品卖不出去，不仅说话满当当，而且还要说些产品本身并不具有的效果以标榜自家的产品。这样的说法反而遭到那些有判断能力的客户的反感，也极易与客户产生纠纷。小林一下子面对三位客户，毫不犹豫地把自家产品的优缺点坦诚相告，会让客户觉得销售员十分诚实，购买产品也会放心。这不仅仅是诚实的表现，同时也是勇于担当，对自己的产品负责的表现。

客户对于产品的满意度是相对于优缺点的选择来划定的，并没有哪件产品可以完全符合每位客户的期待值。销售员对产品的优缺点如实相告，客户就会感觉受到了尊重，同时也拥有了选择的权利，这个选择的过程就是把选择范围缩小的过程，因为此时客户面临的选择对象不只是产品，也有诚实的销售员。

【实战点拨】

坦诚相告产品的缺点并非完全损失商家的利益，它可以帮助我们获得客户的信赖，从而为商家树立一个良好的品牌形象。在帮助客户对产品进行分析时，销售员要明白以下几点。

1. 坦诚更容易获得客户的信赖

诚实的人往往能让人觉得舒心和放心，人们都愿意与诚实守信的人打交道，作为客户，他们当然不希望自己被欺骗。销售员夸赞自己的产品是整个行业的特点，但是面对有独立见解和心思缜密的客户，故意放大产品的优点反而会遭到反感。所以，开诚布公地把产品的真实情况还原给客户，反而能让客户对销售员更信任。

2. 利用缺点转败为胜

大家都知道，任何产品在材料以及做工方面都不会是非常完美的，也正是产品的不同特点才构成了产品种类的多样性，才能更好地满足不同客户的需求。如果故意隐瞒缺点，反而会让沟通不尽如人意。产品的缺陷没有那么糟糕，甚至会成为卖点。比如有些折扣产品，虽然样式老旧，但价格便宜更会深得人心。

3. 坦诚缺点有技巧

分析产品的缺点自然不是对产品不分青红皂白地进行批评。聪明的销售员应该知道把优点和缺点所占的权重分析给客户听。我们需要告诉客户的理念是产品虽然有缺点，但是不会影响到正常的使用，而且是有方法可以用来弱化这些缺点的，这样的分析一般情况下不会影响到客户的购买决心。

完美的逻辑表达，止住客户"找茬"的心理

逻辑学是人们进行思维所必须运用的工具，任何一个正常的人都具有进行逻辑思维的能力。一个销售员的逻辑思维能力越强，对知识的理解越透，他的表达才能清楚正确和鲜明生动。有逻辑的表达有助于客户在较短的时间

内理解销售员传达出的信息，遵循逻辑表达的法则，客户就无"茬"可找，从而提高了销售的工作效率。

【实战案例】

陈波是位保险公司的销售员，从业3年，做了上百个大单子。公司里派新来的小张跟着陈波学经验。陈波只嘱咐小张把自己说的话记录下来，然后回去好好琢磨，其余的话一点都没有多说。

上午陈波接待的是一位VIP客户，小张的工作记录如下。

（1）"赵先生您好，您抽身繁忙的工作来到我们这里，特别感谢您对我们的信任。"

（2）"赵先生，只有像您这样的VIP客户我们保险公司才会派专线员打电话通知到位的，像您这样的成功人士一般都很注重理财，我们保险公司也是有专门的理财服务的，妥善的理财方式可以让您的生活更加舒适。如果您的孩子从小就有理财服务陪伴他的成长，他的人生之路会更加有保障。"

（3）"现在做父母的，都把孩子放在第一位，咱们那么辛苦努力地赚钱，还不都是为了孩子？但是给孩子留太多钱呢，怕他好吃懒做，不思进取；给他置办一处产业，风险率又比较高。这些固定的财产留得太多，可能会计划赶不上变化。现在对孩子最好的保障就是给他一个良好的成长环境，现在咱们保险公司推出的'宝贝计划'项目，是帮助家长为孩子的成长提前做好规划，尤其是对于理财管理的培养，这也不枉花费父母的一片苦心。"

（4）"这个'宝贝计划'项目呢，主要的功能就是：首先，投入的期限比较短，但是可以终身领取，让宝宝的一生都可以顺利；其次，可以提前为孩子的成长基金做准备，避免父母收入有意外情况而产生的风险，也是为宝宝的未来未雨绸缪；再次，收益多样化，比较灵活和机动。"

（5）"赵先生，这个保险理财方案已经得到了21位成功人士的青睐，他们已经为自己的孩子办理了这项保险，在他们看来这项方案对孩子的成长是很有帮助的，所以我非常希望您能把握住这次机会，让这个保单为您和您的家人提供实实在在的保障。"

（6）"当然，对于孩子的成长计划您一定有所打算和安排，但是依我从事这个行业的经验来看，这是目前市场上最为完善的宝贝理财计划了，是最为安全和可靠的。"

小张一共记录了陈波说的六段话，并给每段话都总结出了一个小标题，这些小标题分别是：开场、引出话题、需求唤起、产品说明、影响和决定。这样的表达就称为逻辑表达，它遵循的是提出问题——分析问题——解决问题的表达模式。在陈波与客户的交流中，先是表达对客户的感谢之情，不仅显得有礼貌而且还让客户觉得这是一个尊重客户的公司，奠定了与客户谈话的基础；然后提出问题，聊到父母对孩子的担忧，抓住了每颗关心孩子的父母的心；接着再说明保险产品的运作方式；最后谈到这项保险如何为客户分忧，即达到问题的解决，成功地推出产品。

销售员在表达时有逻辑就容易有理有据地说服客户，让客户的思维在你的框架下运转。客户即使提出疑问也是来源于你所提出的问题，这样你就可以及时回应，准确地对他们的疑问进行解答和补充，最后得出你的产品可以帮助他们解决问题的结论。当客户带着解决问题的目的去看待你的产品时，就有了50%的认可心理。

【实战点拨】

销售员如何让自己的表达有逻辑性呢？

1. 背诵产品说明书

以上的例子中，我们可以看出陈波一定是把"宝贝计划"的保险内容背诵得滚瓜烂熟了，"宝贝计划"中有几条保险内容，每条保险内容又包括了什么，他都记得清清楚楚，这样给客户介绍的时候就能游刃有余，很流畅地出口成章了。

2. 有次序地介绍

凡是你所销售的产品，它所具有的功能都不是单一的，这就需要你有次序地进行介绍。先把开场白做好；接着引出话题，唤起需求；然后逐条分析产品所具有的特点，先把一个特点讲完，再讲下一个，这样的介绍具有条理性，客户听着也清晰明白。

3. 控制好你的语速

当你与客户的谈话没有按照你预先设想好的步骤去展开的时候，也不必惊慌。通常情况下，把讲话速度稍微放慢一些、平缓一些，给出自己足够的时间来想好下一句话说什么，怎么说，就可以成功地完成你的讲述。

销售实战能力训练与提升

（一）销售心理学小课堂

主题1：清楚自己是哪种销售行为模式的销售员

做销售，最重要的不是要战胜别人，而是要战胜自己。要想战胜自己，关键是了解自己，知道自己的优缺点，不断完善自己。认清自己要以他人为鉴，透过他人来洞察自己，反省自己，发现不足，改进工作方法，不断进步，超越自我。大多数销售员没有很好的业绩是因为不清楚自己的销售弊端，周而复始地重复着同样的错误。

我们可以把销售员的销售行为模式分为如下七种类型。

1. 权威指导型

此类型的销售员，对自己过于自信，对客户过于傲慢。自认为客户没有自己懂得多，没有自己专业，甚至对客户提出的问题采取嘲笑的态度，以便显现自己的权威。权威指导型的销售员由于不是充分了解客户需求，因此很难深刻了解市场的需求和客户的偏好。又由于他们高高在上，不愿委曲求全，不能做到有效沟通，更难以维持较长远、较深层的客户关系，也无法通过产品介绍进行更多的交易。

2. 死缠烂打型

坚持不懈是好习惯，但过了头就成了死缠烂打，令人厌恶。如果客户反复说明没有购买需求，销售员应该主动离开。如果想保持联系，期待以后的购买，销售员不妨要到客户的联系方式，过年过节送张贺卡，或时常发封 E-mail 就可以了。

3. 呆傻冲愣型

呆、傻、愣的销售员都给客户不放心的感觉，客户怎么敢从你的手里买东西。客户害怕你的售后服务不到位，更担心你的产品有问题。作为销售员穿得不一定时髦，但一定要干净，要有礼貌，要手脚勤快，不要让客户感觉不专业。

4. 低价导向型

价格战是销售员最常用也是最低级的竞争策略。此类型的销售员只能销售具有价格优势的产品。他们认为价格是销售成败的最主要因素，任何销售失败的结果都会归咎于产品价格优势的缺乏。此类型的销售员，最大的问题是不自信。其实对大多数的客户而言，只要能满足他们高品质的需求，客户们就愿意支付高价钱。低价导向型销售员的业绩好坏，往往不决定于销售员自己的销售能力，而是决定于公司能否推出有价格竞争力的产品，因此。此类型销售员的命运不是掌握在自己的手中，而是受制于其他因素。

5. 人际关系型

此类型的销售员相信最重要的是与客户搞好关系，其他都是次要的。现在的关系销售也的确开始强调关系的重要性，但这里的关系不是靠吃喝形成的关系，而是通过给客户提供良好的产品和服务，并经常回访客户而形成的联系和好感。人际关系型的销售员过分注重与客户的关系，往往对客户的需求了解得不够彻底。凭着人际关系拿到了订单后，若是客户在使用时不能得到充分的满足并引起抱怨，将会妨碍与客户的长期关系。关系型的销售员，除了要注重人际关系，还应着力于了解客户的真正需求，提供客户最适当的产品，才能与客户建立长期稳定的关系。

6. 消极被动型

此类型的销售员认为客户有需要自然会购买，因此，他不会主动地去发掘客户的需求，不会主动地告诉客户自己的产品和竞争品牌的产品有何差异，完全以被动的方式等待客户购买。这种类型的销售员，在店头销售的场所很容易看到。

7. 问题解决型

此类型的销售员让客户觉得是可以信赖的。他能解决客户的问题并满足客户的需求。此类型的销售员让客户感觉到销售员是来帮助他的，帮他找出真正的需求，给他提出合理的建议，他能很高兴地做一个正确的决定，能从购买的产品上得到许多他想要得到的利益并很满意，这就是问题解决型的销售员给客户们的感受。

以上这七种类型的销售员，在面对不同的产品、不同的客户、不同的状况时，都有可能达成交易。一般来说，问题解决型的销售员最容易获得稳定的业绩，而在他们稳定的业绩中几乎有一半以上是由老客户再购买或由这些老客户介绍其他客户购买带来的。所以，一个销售员的销售行为模式应该向问题解决型模式转变。当然人际关系型的销售行为模式也是不错的。

主题2：销售员要从哪几个方面了解客户

了解客户应从客户的购买需求、支付能力和购买决策权三个方面进行。

1. 客户的购买需求在哪里

如果销售员确认某特定对象不具有购买需求，或者发现自己所销售的产品或服务无益于某一特定对象，不能适应其实际需要，不能帮其解决任何实际问题，就不应该向其销售。而一旦确信客户存在需要且存在购买的可能性，自己所销售的产品或服务有益于客户，有助于解决他的某种实际问题，则应该信心百倍地去销售，而不应有丝毫的犹豫和等待，以免错失良机。

销售员要大胆探求和创造客户需求，应善于开拓，透过现象看实质，去发掘客户的潜在需求。

2. 客户的支付能力有多大

在市场经济条件下，只有具有支付能力的需求才构成现实的市场需求。通常，销售员可以通过以下几种方法和途径来判断客户的购买能力。

（1）从领导入手。通常，客户都有上下层或领导与被领导的关系，企业客户有主管部门，而个人客户则隶属于某个企业或行业。销售员可以从上而下地了解客户的购买能力。对于企业客户来说，销售员可以从政府部门了解客户的经营状况、财务盈亏、款项往来等，甚至可以从银行和司法部门了解相关的情况；而对于个人客户来说，从客户所在企业或行业的状况也可以推断其购买能力，比如IT人士，他的月收入可能会在5万元左右。

（2）从"后方"了解。销售员要得到客户购买能力的准确数据就必须要打入"敌人"内部，从内部摸清客户的购买能力和财务状况的变化，这样的信息会比较真实可靠。如果客户是一位已婚的男士，那么他妻子的言行举止很有可能就是判断其购买能力的好帮手。当听到他的妻子说"我们还不如买苹果手机"或"我比较喜欢去欧洲旅行"时，千万不能听听了事。从这样的话语中，有经验的销售员就可以很清楚地推断出客户的经济能力。

（3）从客户资料窥探。很多时候，对于陌生的客户很难在短时间内判断其购买能力，那么销售员就可以用收集客户资料的方法进行预前分析。销售员在对这样的客户进行购买能力分析的时候，就应该把所有的资料集中，从中提取有用的资料，从而可以从侧面了解客户的购买能力。一般地，客户的这种资料可以从银行的信用公告、咨询机构等大众传播媒介中获取。

（4）多观察多分析。观察分析是每个销售员都熟悉的方法，比如客户的衣着、出行的交通工具、喜爱的运动等等都是判断客户购买力的突破口。一般穿着时髦讲究、经常打高尔夫球、有私家车的人购买能力比较强。这种方法所得出的结论有时并不准确。实际中，销售员常常犯这样或那样主观性的错误，这就需要长期经验的积累，因此切记不可以貌取客户，妄下结论。

当然，销售员应该多种方法同时使用，进行综合分析，这样就可以相对准确地判断出客户的购买能力，为进一步的销售打下坚实的基础。

3. 购买决策权在谁手里

客户购买决策权的鉴定，是客户资格鉴定的一项重要内容。若事先不对客户的购买决策状况进行了解，不分青红皂白，见到谁就向谁销售，很可能事倍功半，甚至一事无成。

现代家庭购买决策状况比较复杂，除一些大件商品或高档商品购买决策权比较集中外，一般商品购买决策权逐渐呈分散趋势，增加了对其进行鉴定的难度。

组织客户是指企事业单位等各种团体组织。对于组织客户，购买决策权鉴定尤为重要。作为销售员，必须了解组织客户内部的人事关系、组织机构、决策系统和决策方式，掌握其内部各部门主管人员之间的相对权限，向具有决策权或对购买决策具有一定影响力的人进行销售。只有这样才能有效交易。

（二）销售实战思考

（1）有两家卖粥的小店。左边这家和右边那家每天的客户相差不多，都是川流不息，人进人出的。然而晚上结算的时候，左边的这家店总是比右边那家店多出百十来元。天天如此，这让另一家店主很是纳闷，难道他们有什么绝招不成？

于是，一个好奇的人走进了右边那家粥店，服务小姐微笑着把他迎进去，盛好一碗粥。问："加不加鸡蛋？"他说"加"。于是她很快给他加了一个鸡蛋。每进来一位客人，服务员小姐都要问一句："加不加鸡蛋？"有的说加，也有的说不用加。大概各占一半，而左边那家小店，服务员小姐同样微笑着迎接客人，给他盛了一碗粥。然后问："加一个鸡蛋，还是加两个鸡蛋？"我笑了，说："加一个。"再进来一位客人，服务小姐也都会问一句："加一个鸡蛋，还是两个鸡蛋？"爱吃鸡蛋的就要求加两个，不爱吃鸡蛋的就要求加一个。也有要求不加的，但是很少。一天下来，左边这家小店就要比右边的那家店多卖出不少的鸡蛋。

问题1：左边的小店是运用什么方法促进成交的？

（2）假设你是一名电脑销售员，你面对的是某位公司的老总，但是你使尽了浑身解数也很难说服他，而再拖延时间恐怕会引起忙碌的对方的反感。

问题2：这时你该怎么说呢？

参考答案

答案1：我们很容易看出来，左边的小店就是巧妙运用比较销售法赚到了更多的钱的。比较销售法是一种技巧，同时又是一种心理战术。两家卖粥的小店，一家的服务员问："加不加鸡蛋？"当然，客户也只有顺着服务员的话回答，愿意吃鸡蛋的，店里就给加一个，而恰恰他们忽略了有人愿意多加一个鸡蛋的需求。另一家精明的服务员问"加一个还是加两个"。这种二选一的方法，给客户在心理上造成一种错觉，好像最少也得加一个鸡蛋，所以，左边的粥店就增加了多卖出一个鸡蛋的机会。

答案2：在你费尽口舌，使出各种方法都无效，眼看这笔交易就做不成了时，不妨试试这个方法，比如说："×总，虽然我知道我们的产品和服务对您公司很重要，可能我的能力很差，没办法说服您，我认输了。不过在认输之前，请您指出我的错误，好让我有个提高的机会。"

像这种谦卑的话语，不但很容易满足对方的虚荣心，而且会代解对方抗拒的态度。他可能会一边指正你，一边鼓励你，说不定又带来了签约的机会。

第8章 攻破客户心理壁垒，改变客户拒绝态度

客户之所以决定购买你的商品，都是因为在心理上对商品有了一定的认可；客户之所以拒绝购买你的商品，除了需求的因素外，往往是对商品心有疑虑。所以，销售员推销商品的过程，就是改变客户心理的过程——从拒绝到接受。销售员要会用各种推销手段，去拆除客户心理上拒绝的围墙，让客户购买你的商品。

将客户的拒绝，变为成交的机会

销售员被客户拒绝是很正常的事情，客户的拒绝方式也是多种多样的，在不同的拒绝背后有着各自的原因。有些客户提出拒绝只是出于对销售活动的抵触心理；有些客户可能会对产品或服务存在某些偏见；有些客户可能过去有过不愉快的购买经历，认为销售员推销的产品都是不可靠的……有一位销售大师曾经说过，客户拒绝并不可怕，可怕的是客户不对你的产品发表任何意见。因为在销售高手面前，客户的拒绝会变为成交的机会。

【实战案例】

销售员王梅正在向客户推销煤气炉。客户对一款煤气炉表现了极大的兴趣，但最后却拒绝购买，原来，客户是嫌 4000 元一个煤气炉太贵了。

王梅知道原因后对客户说："4000 元是贵了一点儿，您的意思是不是说这个煤气炉性能不好，点火不方便，煤气浪费多，火力不强大，使用不长久呢？"

客户忙说："我倒不是这个意思，点火没有问题，火力也足，但我觉得它消耗煤气多。"

王梅明白了客户觉得价格贵的原因，就对他说："所有用煤气炉的人，都希望煤气炉可以用更少的煤气，燃烧更长的时间。您的顾虑是有道理的。不过我们的产品在设计上充分考虑了客户的这种需求，您看，这个喷嘴的构造是特殊的，可以使火苗均匀，周围还安装了这个燃烧节能器，可以防止热量外泄，因此，这种煤气炉其实是很节能的。您说是吗？"

听到这些话，客户的疑虑被打消了，虽然还是感觉有些贵，但产品的性能还是不错的，客户最终购买了这款煤气炉。

让客户的拒绝,变为成交的机会——这个机会在哪儿呢?在这个案例中,客户拒绝,是因为他觉得产品的价格与性能不匹配,"不节能,还要4000元",客户心里有这样的想法,所以拒绝购买,但是王梅从拒绝的根源入手,彻底地排除了客户的拒绝心理,从而成功销售。客户拒绝你的销售是最常见的现象,很多销售员已经把客户拒绝视为家常便饭。面对客户的拒绝,销售员询问出了客户拒绝的理由,针对这些理由采取相应的应对办法。如果销售员只是一味抵触,就会引起客户更大的不满。因此,对客户的拒绝,销售员不但不能阻止,反而还要想办法引导客户说出拒绝的具体理由,从中寻找说服他们的机会。

【实战点拨】

在销售的过程中,销售员碰到客户拒绝的可能性远远大于销售成功的可能性。许多时候,在洽谈刚开始,销售员就遭受了一盆冷水。客户拒绝是有很多原因隐藏在内心深处,许多原因不是销售员能知道的。如果无法从客户的抵抗及反对中找到心理的根源,你在销售的过程中只有接受拒绝了。那么,我们如何将客户的拒绝变为成交的机会呢?

1. 仔细倾听客户的拒绝理由

客户提出拒绝时,销售员应该鼓励他们说出理由来,而不是逃避或争执。通常情况下,客户会一再重复拒绝的理由,直到你明白或解决了他的问题。

无论如何,在销售沟通的开始,一定要赞成客户的观点,顺着他的心气让他把话说完,这样在你有理有据地与他交流时,才不至于引起争论。如果你相信客户说的只是借口,那么必须让他把真正的反对理由说出来,否则,你们就无法继续沟通下去。

你可以用以下的提问来获取事实:

"您的意思是说……"

"有的客户对我这么说时,根据我的经验,他们是嫌价格太贵,您也是这样看吗?"

"您跟我说……但我想您一定有别的意思。"

2. 判断客户的拒绝是否真实

(1)在有些情况下,客户的拒绝只是善意的谎言,只是为了某种心理的掩饰，如：我对商品有疑虑，要考虑考虑；我需要和我的家人商量一下；现在生意不好做；现在我还没有准备好，一周后再和你联系；产品的价格太高了。

（2）有一些是客户真正的反对理由，是真实的心理反映：没钱；不喜欢你，不喜欢你的产品；有别的产品可以取代；另有打算；喜欢原来的产品，不会更换。

销售员应该找出客户真正的反对理由，从意念上告诉自己，客户的拒绝未尝不是一件好事，然后积极分析，在行动上针对客户不同的拒绝理由加以应对，克服困难，使销售变为可能。

3. 应对客户的主观反对意见

与理智和冷静的客户相比，更多客户的拒绝理由相当主观，你可以从他们的话语中感觉到客户的真实意图。

"我知道，你们这种产品，都是金玉其外，败絮其中，我可不会上当。"

"我很讨厌这种造型，看起来太傻了。"

"这种产品肯定不好，要不然为什么没有太多人使用呢？"

这些拒绝的理由具有强烈的主观色彩，也没有触及产品本身，事实上这些理由更多地来自于客户的心情或者个人观念，只要销售员掌握灵活的应对技巧，把握住客户的心理，就可以转变他们的观念。

4. 正确应对客户的客观反对意见

有很多时候，客户的拒绝是具有客观依据的，此时，销售员应该提醒自己，眼前的客户是非常理智的，他并不是在胡搅蛮缠，客户对同类产品具有相当程度的了解，绝对不能企图蒙混过关。

面对此类客户的拒绝理由，销售员应该实事求是地承认客户的意见，让客户从心理上觉得你是诚实的。一定不要因此偃旗息鼓，丧失自信，而应该对客户提出的意见表示真诚感谢，并设法把客户的注意力集中到产品的其他优势上去。如："非常感激您对我们提出的建议，我们一定会予以充分的重视。不过，您是否注意到……"再说产品的优点，这样往往会打动客户。

让客户多说"是",可以减少分歧发生

在销售过程中,遭到拒绝几乎是无法避免的事情。但是,我们可以通过一系列的销售策略,尽量让客户多说"是"。心理学研究表明,当一个人连续说"是"的时候,对下一个问题也会有说"是"的心理倾向。把这一点运用在销售上就是,我们要有意识地引导客户说"是",使说话的双方形成共鸣,拉近两者之间的心理距离,从而让客户在愉快的氛围中实现交易的成功。

【实战案例】

情景1

章小姐来到某珠宝店想购买一条项链,她将目标锁定在同等价值的白金或黄金项链上,但是一直拿不定主意到底该选择哪一种。就在她犹豫不决的时候,销售员说道:"小姐,您的皮肤很白,一白压三丑啊!"

皮肤白皙的章小姐听了,莞尔一笑回答:"谢谢你的夸奖,可是我不知道哪种更好一点。"

销售员说:"皮肤白的人最好打扮了,配什么颜色都好看,这两款您都喜欢吧?"

章小姐说:"是的,我都比较喜欢。"

销售员接着说:"其实,这两款配上您的肤色都好看,黄金使脖子显得更加妩媚,白金使您更加优雅纯洁,就看您更想要哪种感觉了。"

"我更喜欢优雅的感觉,那就白金吧!"章小姐爽快地说。

情景2

小陈是一家银行的客户经理。一次,一位客户来到银行想开一个账户,小陈按惯例让他填写一些表格。可是,这位先生觉得这很麻烦,很多信息他

不想填。

以往遇到这种情况，小陈会搬出银行的规定对客户进行说教，尽管最终客户都填写了，可抱怨的话说了一堆。

这次，小陈改变了策略，打算不谈银行的规矩，而是试着谈客户的需求。

"先生，其实您拒绝填写的那些表格，并不是必须要填的。"小陈微笑着对客户说。

"我就说嘛，填这么多好麻烦！"客户说。

小陈接着说："恕我冒昧，您把钱存在银行，难道不希望它更安全一些吗？"

"是的，当然。"客户回答道。

小陈继续说："如果您填写了这些信息，即使您不小心泄露了自己的身份信息，那些骗子也很难盗取您的银行现金；另外，填写了这些信息，会让您以后办理业务的时候更加方便……这些信息都填上，对您来说，是不是更好一些？"

客户赶紧回答："对！"

当这位客户明白银行是为了他的账户安全之后，立即就把表格填好，一句抱怨的话都没有。

通过引导客户说"是"，然后满足客户，将销售过程由"要求客户做到"变成"帮助客户做到"，使得客户在心理上觉得自己的愿望得到满足，对销售员来说更是实现了自己的工作目标。

在情景1这个案例中，销售员就是通过选择意见一致的话题，来引导客户多说"是"，让章小姐不知不觉地走进了对自己的肯定中，最终顺利地促成了交易。情景2中，一旦客户开始肯定销售员的说法，就会习惯性地在接下来的谈话中使用肯定语气，最后按照销售员的提议去做。所以，经验丰富的销售员在销售开始时，都会随意与客户聊聊天，其目的就是让客户先形成肯定式的回答惯性。很多的成功销售事实也证明，这种方法的确简单有效。

【实战点拨】

要想攻破客户的心理壁垒，就要引导对方多说"是"，让客户跟着你的思路走，这样一来，就会很容易地达成你想要的结果。作为一名销售员，我们应该如何引导客户多说"是"一类的肯定性话语呢？

1. 选择轻松的话题作为开场白

要知道，生硬的自我介绍或者产品介绍对缓和气氛毫无帮助。销售员应该像客户的老朋友一样，选择一些轻松的话题入手，如此，不仅能够给人一种亲切感，也有利于打开交流局面。比如，销售员可以采用以下开场白："今天很凉爽啊！""这里的环境和绿化真不错，住在这里一定很开心吧！"面对此类生活化、有人情味的话题，客户一定会给予一个肯定的回答。

2. 避开容易产生分歧的话题

买卖双方有分歧是在所难免的，但是如果一开始就谈论分歧点或者在分歧点上僵持不下，只会让局面尴尬而难以收拾。所以，销售员要暂时避开有分歧的话题，轻松带过或者适时做出让步，尽量让双方保持在友好的谈话氛围中，多谈一些双方都认可的事情，使交流顺利进行下去。

3. 提问有讲究

一个话题如果由客户开始，通常会是刁难或者质疑的问题居多，这样销售员就会一直处在被动的地位，难以说服客户。销售员如果想要把控局面，就要不留痕迹地向客户提问，可以通过"二选一"等提问方式，不给客户说"不"的机会，让客户无论如何选择，答案都是"是"或者其他具体的肯定性答案。

找出拒绝心理根源，化"负面问题"为卖点

"让负面问题成为卖点"是一种很棒的销售技巧，因为它的说服力非常强。"客户的反对问题"通常有两种：一是客户的拒绝借口，二是客户的真正困难。不管是哪一种，只要有办法将反对问题转化为销售卖点，就能"化危机为转机"，进而成为"商机"。如果客户的拒绝只是个借口的话，他将因此

没有借口拒绝你的销售；如果客户的拒绝是真正的困难所在，你不就正好解决了他的困难吗？他又有什么理由拒绝你的销售呢？

【实战案例】

客户A："不用了，我的卡已经够多了。"

销售员A："是的，常先生，我了解您的意思，就是因为您有好几张信用卡，所以我才要特别为您介绍我们这张'××卡'，因为这张卡不管是在授信额度上、功能上还是便利性上，都可以一卡抵多卡使用，省去您必须拥有多张卡的麻烦……"

客户B："我现在没钱，以后再说吧。"

销售员B："您的意思是这套产品是您真正想要的东西，而且价格也是可以接受的，只是没有钱。我想说的是既然是迟早要用的东西，为什么不早点买？早买可以早受益。而且，钱都是规划出来的，只要有意愿，只要您决定要，相信您一定可以解决钱的问题。"

客户C："价格太高了。"

销售员C："依您这么说，我了解到您一定对产品的品质是相当满意的，对产品的包装也没有异议，您心里一定也想拥有这款产品。既然对品质、包装、功效这些重要方面是满意的，就大可不必在乎价格的高低，要知道，一分钱一分货。"

客户D："我现在不需要，需要的时候再找你吧。"

销售员D："谢谢您对我的信任。听您的意思是说，现在不需要，以后肯定需要。那就是说您对产品的各个方面都是相当满意的，是吧？既然以后肯定需要，为何不现在买呢？我们现在搞特价，很难保证您以后还能以这么低廉的价格买到品质这么好的产品。"

客户E："我已经有同样的东西，不想再买新品牌了！"

销售员E："依您这么说，您是觉得这种产品不错嘛！那您为什么不选择我们呢？我们公司可以提供您更优厚的条件，节省下来的资金费用正好可以付每个月的维护费用，每个月维护等于是免费的呢！"

客户F："……我现在还不到30岁，你跟我谈退休金规划的事，很抱歉！我觉得太早了，没兴趣。"

销售员F："是的，我了解您的意思。只是我要提醒先生的是，准备退休金是需要长时间的累积才能达成的，现在就是因为您还年轻，所以您才符合我们这项计划的参加资格。这个计划就是专门为年轻人设计的。请您想一想，如果您的父母已经五六十岁了，但是还没有存够退休金的话，您认为他们还有时间准备吗？所以，我们也就无法邀请他们参加，而是邀请您参加！"

客户的每一个拒绝的理由，都不是空穴来风，反映的是客户的心理特点。销售员只有找到心理特点，就能找到拒绝的根源，从而化"负面问题"为卖点，实现成功销售。

【实战点拨】

一些销售员在遇到客户提出一些负面问题，或者是指出产品的缺点时，就慌忙进行掩饰，结果越掩饰越是出现问题。其实，很多时候，客户的一些反对意见也能成为销售的独特卖点，这就需要销售员掌握必备的应对策略。

1."你们都是骗子"

当客户说这句话的时候，说明客户曾经受到过伤害。"一朝被蛇咬，十年怕井绳"，曾经的阴影让他们太刻骨铭心了。如果这个心结不打开的话，想把类似的产品销售给他们几乎是不可能的事情。但是这并不等于客户不需要此类产品。在这种情况下，销售员可以试着和他们一起找原因，如果是销售员的原因，就真诚地向客户道歉，必要时适当补偿对方的损失。只要对方的心结打开了，生意也就可以继续了。

2."没兴趣、不需要"

客户说"没兴趣、不需要"是最常见的拒绝语言，因为这几乎是客户的口头禅。但这个口头禅恰恰又是销售员让客户养成的。因为大部分销售员喜欢一上来就销售产品。对于来路不明、不熟悉的人和产品，客户的第一反应肯定是不信任，所以很自然地就以"没兴趣、不需要"为由拒绝了。建立信任是销售的核心所在，无法赢得信任就无法销售；没有信任的话，你说得越精彩，客户的心理防御就会越强。特别是诓骗虚假之词更是不用为好，因为在成交之前，客户对你说的每一句话都抱着审视的态度，如果再说些不实之词，其结果可想而知。

避免此类拒绝最好的方式，就是在最开始的时候尽一切可能增强客户的信任度。无论是产品的质量还是个人的态度、举止、形象，都要让客户觉得诚实可信。

3."我现在很忙，以后再说吧"

客户的这种拒绝很难让人琢磨透。有的是真的很忙，但大多数时候只是一个很温柔的拒绝，不知道的人可能就会误以为自己以后还有机会。对于这种拒绝，我们可以这么说："我知道，时间对每个人来说都是非常宝贵的。这样吧，为了节约时间，我们只花两分钟来谈谈这件事情。如果两分钟之后，您不感兴趣，我立即回去，再也不打扰您了，可以吗？"

4."我们现在还没有这个需求"

社会在变化，需求也在不断地变化。今天不需要，不代表明天不需要；暂时不需要，不代表永远不需要。所以客户的有些需求是潜在的，关键在于你是否能把客户沉睡的购买欲望给唤醒。有时经常会存在这样一种状况，当你被人以"我们现在还没有这个需求"拒绝之后，第二天却发现这位客户竟然在另外一家公司购买了同样的产品。

心理学家在分析一个人是否购买某一商品时，得出了这么一个结论：人们的购买动机通常有两个：一是购买这个产品能给自己带来怎样的快乐和享受；二是如果不购买，自己会遭受怎样的损失和痛苦。将这两个动机攻破，客户的拒绝"碉堡"也就自然能攻破了。

5."我们已经有其他供应商了"

当客户告诉销售员"我们已经有其他供应商了"，这往往是真实的情况，但并不意味着销售员就完全没有机会了。恰恰相反，销售员还有很多的机会。因为当客户正在使用其他供应商提供的某一产品时，正好说明这个客户对这种产品有需求。销售员只需很巧妙地告诉客户自己的产品与客户正在使用的产品存在哪些差异，而这些差异又会给他带来怎样的好处，然后让客户自己去权衡。一家企业在选择与谁合作的时候，考虑最多的还是利益。如果销售员非常自信自己的产品较之客户正在使用的产品更有优势的话，那么自己就随时有机会取代客户现有的供应商。

6. "你们的产品没什么效果"

客户这么说的话,实际上已经否定了销售员的产品,并将此类销售打入"黑名单",这时就有些棘手了。销售员必须站在客户的立场考虑问题,在第一时间承认错误,并积极地寻找问题的根源,让客户明白自己所销售的产品已经升级换代,过去不代表现在,并想办法解决这个问题。

7. "你们的价格太高了"

客户说这样的话,严格来说还谈不上是一种拒绝,这实际上是一种积极的信号。因为这意味着除了"价格太高"之外,客户已经接受了产品的其他各个方面。

这个时候,立即与客户争辩或者一味降价都是十分不理智的。销售员需要及时告诉客户自己马上与领导商量,尽量争取给一个优惠的价格,但暗示有困难。等再次与客户联系的时候,再告诉客户降价的结果来之不易。降价的幅度不需要太大,但要让客户感觉到利润的空间真的很小,销售方已经到了没有钱赚的边缘。或者询问客户与哪类产品比较后才觉得价格高,因为有很多客户经常拿档次低的产品进行比较。通过档次比较,让客户明白"一分钱一分货"的道理,最终愿意为高质量的产品和服务买单。

面对扎心的拒绝,用妙答换回客户的心

对销售员来说,客户说"不买""不需要",这样的拒绝虽然直接,但销售员还能够接受。销售员最怕的是那些扎心的拒绝:"你们是骗子""你这是在浪费我的时间"……如何应对这些拒绝,着实考验销售员的智慧。

【实战案例】

有位已从业 4 年的保险销售顾问,经常面对"保险是欺骗,你是骗子"

的责难，他该怎么办呢？他难道与客户辩论吗？显然不行。

他问客户："您认为我是骗子吗？"

客户答："是啊。你难道不是骗子吗？"

他说："我也经常疑惑，尤其在像您这样的人指责我的时候，我有时真不想从事这份事业了，可就是一直下不了决心。"

客户说："不想干就别干，怎么还下不了决心呢？"

他说："因为我在4年时间里已经同500多位投保户成了好朋友，他们一听说我不想继续干下去了，就都不同意，要我为他们提供续保服务；尤其是其中13位已获理赔的客户，听说我动摇了，都打电话让我别走。"

客户惊讶地问："还有这事？你们真的给投保户赔偿？"

他说："是的，我已经受理了多桩理赔案……"

就这样，他一次又一次战胜了客户对保险销售的偏见和拒绝，当场改变了对立者的观点，做成了一笔又一笔的业务。

【实战点拨】

每个销售员都会遇到不同程度的销售困扰，不妨将其当成是磨炼自己的机会，从中学习克服拒绝的技巧，找到被拒绝的症结所在，以后就能应对自如了。以下是应对客户拒绝的技巧。

1."我没时间"

那么你可以说："我理解。我也老是时间不够用。不过，只要3分钟，您就会相信，这是个对您绝对重要的议题……"

或者这样说："先生，美国富豪洛克菲勒说过，每个月花一天时间在钱上好好盘算，要比整整30天都工作来得重要！我只需要您花25分钟的时间。麻烦您定个日子，选个您方便的时间，我周一和周二都会在贵公司附近，可以在周一上午或者周二下午来拜访您。"

2."你这是在浪费我的时间"

那么你可以说："如果看到这个产品会给您的工作带来的帮助，您肯定就不会这么想了。很多客户在使用了我们的产品后，在寄回的'客户意见回执'中，对我们的产品都给予了很高的评价，因为产品真正帮助他们有效地节省了费用，提高了效率。"

3."抱歉，我没有钱"

那么你可以说："先生，我知道只有您才最了解自己的财务状况。不过，现在先好好做个全盘规划，对将来才会最有利。我可以在周一或者周二过来拜访吗？"

或者说："我了解。要什么有什么的人毕竟不多，正因如此，我们现在推荐一种方法，用最少的资金创造最大的收益，这不是对未来的最好保障吗？在这方面，我愿意贡献一己之力，可不可以下周三，或者周末来拜见您呢？"

4."目前我们还无法确定业务发展规模"

那么你可以说："先生，我们先不要担心这项业务日后的发展，您先参考一下，看看我们的供货方案优点在哪里，是不是可行。我是周一来造访好些，还是周二来好些？"

5."我们不会再跟你联络"

那么你可以说："先生，也许您目前不会有什么太大的合作意愿，不过，我还是很乐意让您了解，要是能参与这项业务，对您会大有裨益！"

6."要做决定的话，我得先跟合伙人谈谈"

那么你可以说："我完全理解，先生，我们什么时候可以跟您或您的合伙人一起谈？"

7."说来说去，还是要推销东西"

那么你可以说："我当然是很想推销东西给您，正是这个东西能带给您好处才会想着卖给您。我们要不要一起讨论研究看看？您觉得我是下周一来，还是下周五过来比较好？"

8."我要先好好想想"

那么你可以说："先生，其实相关的重点我们不是已经讨论过了吗？容我直率地问一句：您的顾虑是什么？"

类似的拒绝自然还有很多，处理的方法都是一样的，那就是从客户的观点出发，把拒绝转化为肯定，让客户拒绝的意愿动摇，然后继续跟进，引导客户接受你的建议。

应对价格异议，从心理根源入手

在销售过程中，客户会提出一些与销售员不同的意见，或者提出对产品的看法，这称为异议。对于销售员来说，有些客户肯花时间认真地端详产品或者对你的产品提出一些异议，这是好征兆。因为这类客户通常对你的产品感兴趣，并且有想要购买的欲望。所以说，客户的异议是最接近成功销售的一步，客户没有购买欲望，就不会花心思去思考、去提问题了。如果销售员能够处理好客户的异议，就很有可能很快地促成交易。

面对不同的客户，销售情景各不相同，客户异议也多种多样，不管怎样，只要让客户认识到产品能够为其带来超值的利益，价格便不成问题；销售员可以适当地满足客户提出的价格要求，坚持灵活的销售原则。

【实战案例】

客户："买不起，我现在没钱！"

销售员："也就是说，这个价格与您的心理价位并不相符，我可以这样理解吗？"

客户："可以。"

销售员："请问您的心理价位是多少呢？"

客户："再少500元！"

销售员："谢谢您将心里的想法告诉我。您刚才说的那个价位，只能够享受3年的免费保修服务，要是加上500元，可以享受5年的免费保修服务，您可以任意选择。您觉得哪一种更合适呢？"

客户："5年免费保修服务更合适。"

销售员："好的，请问您还有什么其他问题吗？"

在上述销售案例中，客户表示无力承受产品的价格，在一定程度上说明他还没有购买产品的打算，销售员需要再添点料，让客户认为产品必不可少。客户的真实心理不外乎两种：其一，客户支付不起产品的价格；其二，产品的价格与客户的心理价位不符，客户认为产品设置的价格过高。了解客户的心理价位，以恰当的方式询问客户的购买预算，了解客户的支付能力，辨别托辞的真伪，衡量销售的难易程度，强调产品的价值，将产品的价值与客户的需求缺口相结合，向客户传递一种物有所值的信息，强化对方的购买意识。

【实战点拨】

作为一名优秀的销售员，想妥善地处理客户的价格异议，就要灵活运用以下几种处理技巧。

1．"公司没有这方面的预算"

当销售对象为公司团体时，客户代表着公司整体，销售员不仅需要说服客户本人，还要征得客户公司的同意，毕竟是客户公司提供预算经费。

（1）重申产品的价值所在。强调产品能够为客户带来的利益，增强客户对产品的信心，帮助客户下定购买决心。

（2）提醒客户问题的严重性。若无法解决当前的问题，客户公司可能会遭遇更大的损失，这也会威胁到客户自身事业的发展。

（3）建议客户申请预算。一般情况下，公司制定的预算有一定的弹性空间，客户可以向上级阐明产品的重要性，促使公司增加相关方面的预算。

事物是发展变化的，并非一成不变，我们必须强化客户对产品的信心，以客户为媒介，将信心传递给客户公司，提高公司整体对产品的重视程度，扩大品牌效应，发展长期的合作关系。

客户："公司没有这方面的预算，我也没有办法！"

销售员："刘经理，公司一直没有培训方面的预算，员工的销售能力没有办法得到提升，他们很难完成销售目标，您也不好向上级交差，最终受损失的还是公司啊！您觉得呢？"

客户："你考虑得很周到！"

销售员："公司有额外的预算空间，您为自己的部门争取经费，员工的销售额增加之后，领导会更加器重您的。"

客户："我试试吧。"

销售员："我明天给您打电话确认，好吗？"

2."与其他产品相比，你们的价格过高"

客户认为产品价格过高，并将产品与其他品牌进行比较。实际上，客户永远嫌产品的价格过高，客户的表现说明他们怀疑产品是否物有所值，销售员需要向客户讲述产品的价值所在。

（1）切勿贬低竞争对手。这是销售中的大忌，销售员不要随意地攻击竞争对手，这并非专业销售员所为。

（2）说明产品的优势所在。介绍产品的优点，向客户描述购买之后会产生怎样的效益和价值，用产品的优势说服客户。

（3）分解产品的价格构成因素。除了产品本身，运输、安装、售后服务及免费保修年限都包含在产品的价格之中。

客户考虑的不仅仅是产品的价格，他们若倾向于价位低廉的产品，就不会产生价格方面的异议了。客户提出一系列问题，只是等待销售员拿出有力的证据说服他们。

3."成本很低，报价却这么高"

有些客户并不了解产品的制作工艺和成本构成，只是根据以往的消费经验进行主观的揣度和判断。销售员要将实际情况告知客户，让他们接受产品的价格。

（1）解释设定价格需要考虑的因素。包括原材料、加工与设计、包装、运输、维修、售后服务等，价格需要支撑起产品的整个运作流程。

（2）强调产品的价值。不要让客户一味地探究产品在制作方面的花费，引领客户看向未来，想象产品能够为其实现哪些潜在价值，将客户关注的重心转移到产品的优点上面。

（3）提供令人信服的证据。将产品与其他品牌做横向对比，让客户看到我们产品的独特优势。

客户怀疑产品的价值与价格匹配度不高，我们就需要向客户解释清楚产品的真实成本，着重强调产品的价值，免除客户的后顾之忧。

4."产品性价比不高，买的话不划算"

性价比即性能价格比，指的是产品的性能与价格之间的比例关系。客户认为产品的性价比不高,这是他们在拿我们的产品与相同性能的产品做比较,而得出的主观性论断。

(1)探寻究竟。了解客户的真实心理,请求对方做详细的解释,挖掘问题中的关键点,认真倾听,体会客户话语中的真实含义。

(2)补缺遗漏。客户尚未掌握全面的产品信息,销售员需要解答客户的疑惑,促使对方看到产品信息的全局,纠正客户的观念。

(3)巩固客户的认识。放大产品的价值和利益点,向客户传递物超所值的信息,颠覆对方的认识,彻底消除客户的价格异议。

性价比的高低是相对而言的,关键在于客户以何种产品为标尺,转移标尺倾斜的方向,让其朝着有利于销售的一面发展。

客户:"产品的性价比不高,买的话不划算。"

销售员:"刘经理,小蒙有点糊涂了,您说的'性价比不高'究竟是什么意思呢?"

客户:"市场上的同类产品,价格比你们的产品要低30%,你们的价位过高。"

销售员:"您的意思是,产品相差无几,差别在于价格方面,对吗?"

客户:"对,就是这个意思。"

销售员:"谢谢您的配合。就拿××品牌的产品为例,他们的价格确实比我们低,但是我们的产品多了×××功能,单独购买的话,要多花800元钱,差额远远高于30%。"

客户:"不会吧?"

销售员:"虽然是同类产品,但它们在功能、材质方面存在差异,您在产品说明书上就可以看到。"

客户:"我了解的情况确实有限。"

销售员:"我向您讲解一下产品说明书中的内容吧。"

5."再便宜点,说个最低价"

客户总是希望以尽可能低的价格成交,销售员要理解客户的心情,只是销售员要掌握好价格浮动的尺度,不要让局面变得一发不可收拾。

(1)婉拒客户的要求。以专业的姿态、得体的言辞告诉客户,公司制定的产品价位是合理的,并没有漫天要价。

（2）强调价格的合理性。不要轻易松口，与客户共同分析价格的构成、未来的收益，切勿在价格问题上纠缠不休。

（3）具体情况具体分析。产品并无议价空间时，以恰当的方式安抚客户；在产品有议价空间的情况下，寻找合适的降价理由，做适当让步，降价幅度要遵循越来越小的原则。

销售员要懂得照顾客户的情绪，不要让他们产生太大的心理落差，可通过赠送礼品的形式给予客户相应的补偿。

找到异议的心理根源，处理异议有的放矢

销售员要明白的是，在销售过程中，客户的异议是正常的事，哪怕是客户在心里百分百地要和你达成交易，大都也会千方百计地找一些异议，意图是让自己在销售活动中获得更大利益。所以，当销售员找到了客户异议的心理根源，就能从根本上解决客户的异议，从而实现成功销售。

【实战案例】

客户异议：我并不认为这个价钱就是"一分价钱一分货"。

真实意图：你赶紧向我证明你的产品有什么真正的价值。

客户异议：我觉得这件衣服的尺寸有些不合适。

真实意图：只要你能证明我穿上这件衣服不论大小还是长短都刚好合身。

客户异议：在这之前，我从来没有听说过你们公司。

真实意图：我很愿意购买你的产品，但是，前提是我想对你们公司的信誉度有一个大致的了解。

客户异议：我正在开源节流，因此，我不打算购买任何新产品。

真实意图：只要你能说出你的产品是我非购买不可的理由，我也会考虑

购买的。

客户异议：我不过是想四处转转，看一看有没有其他更适合我的产品。

真实意图：如果你能开出对我更有利的条件，我就会购买你的产品。

从表面上看起来，客户出于各种考量，他们提出的异议也是五花八门，如果销售员不能把握住他们的真实意图，就会失去这些潜在客户。一般来说，客户对产品的异议，表明了客户想要购买产品的心理意图，所以，异议也是客户购买产品的最后障碍。

【实战点拨】

客户产生异议是难免的，销售员要做的就是找出客户产生异议的原因，然后一一给出答案。产生异议可能是因为对产品的不熟悉，或者是产品自身就带有一些无法改变的缺点，也可能是客户的故意刁难。销售员只有在明白了客户异议产生的原因后才能更好地解决异议。销售员如何能找到客户异议的心理根源呢？

1. 了解客户产生异议的心理意图

如何分辨客户的异议是否出于购买产品的意图，销售员需要将产品的真正情况告知客户，然后去观察客户的反应。通常而言，如果客户表现出漫不经心的样子，那就足以说明他们并不想购买你的产品。

除此以外，销售员还需留意的是，当客户提出的异议无关紧要时，并不是他们在故意"找茬"，也许是他们为了掩饰自己真正的心理困惑。例如价格过高等因素，只要销售员能够明白客户对你的产品提出异议都是出于希望购买的话，那么，你就可以引导客户说出困扰他们的真正原因。首先，要耐心介绍产品，消除他们的困扰，然后再进行接下来的交易。

2. 提高发现问题的能力

发现问题是进行分类和针对性解决问题的前提，这就要求销售员要具有敏锐的洞察力，正视销售中遇到的问题，不能因为不好意思就把问题给藏起来，绝不能轻视问题，总把一些客户的异议不当回事儿。另外，还要善于观察，勤于思考，努力寻找问题的根源，透过现象看本质。要发现问题就需要在与客户进行交流的时候眼观六路耳听八方，处处留心，不被问题浅易的表面现象所迷惑。

3. 掌握分类方法

分类是认识纷繁复杂问题的一种工具，分类可以把问题条理化，使表面上看起来杂乱无章的内容变得清晰起来。常用的分类方法是从客户以及产品为出发点进行的。一种是人为地进行分类，这种分类在销售活动中比较灵活，可以根据客户的性格、行业以及喜好来对不同的客户进行分类，针对不同喜好的客户可以临时应变不同的方法。另外一种分类方法比较常见，就是根据产品中会出现的问题以及产品的本质特征来进行分类。

4. 要善于从苗头、处理措施、根本原因上抓住问题

对销售中出现的潜在性问题要早发现，迅速地把握事情发展的动态，做出快速而准确的判断。在了解问题的前提下，区分不同情况，有针对性地划定范围，提出解决措施。把主要精力放在重点问题上，从源头上进行解决。

对不方便回答的问题，巧妙拒绝让客户顺心

我们常说做销售要诚实，不能用虚假的销售信息来欺骗客户，保持诚信是销售的重要原则。但是有些客户总有打破砂锅问到底的精神，甚至会直接询问有关商品成本和商业机密的问题。这些问题是当然不能回答的，但是要是直接拒绝客户，会在客户心理上留下不诚实的印象，有些不妥。因此，销售员回答这类问题，一定要做到巧妙拒绝，既消除了客户的心理疑虑，又保护了公司的商业秘密，从而使逆境变成顺境，让交易在一片欢快的气氛中达成。

【实战案例】

宋大爷在街上走过一家调味品促销活动现场。

"大爷，免费品尝自家秘方做的香菇酱，干净卫生又鲜美，我爷爷做的，您要不要来一点？"一名销售员——一个漂亮的小姑娘问宋大爷。

"哦哦，啥样的香菇酱？给我来一点。"

"好嘞，大爷，给您。"宋大爷在嘴里咀嚼着销售员送上来的香菇酱，香香甜甜，吃起来很鲜，美味让宋大爷充满皱纹的脸上浮现出一丝丝笑容。

"大爷，尝着怎么样啊？"

"嗯，很好，闺女，这怎么卖的？"

"大爷，咱们这个香菇酱是今天的主打款，优惠力度大，20块钱，买一送一。"

"那行，姑娘，给我来20块钱的吧。"宋大爷觉得，10块钱一瓶也不贵。

"这香菇酱可不仅仅是调味品呢，大爷，现在倡导健康的饮食都是一荤一素一菇，香菇营养丰富，富有天然植物性蛋白质、膳食纤维、17种氨基酸、30多种酶，被称为蔬菜之王呢。"姑娘说。

"姑娘，你能不能跟我说一下，你家这个怎么做的？我回去也买点香菇做一点。"

一听到宋大爷的问题，小姑娘不禁抿嘴一笑，说："大爷，在家里我是女孩，只负责卖，我爷爷是怎么做的要是让我知道了，我就带到婆家去了。"宋大爷听了，也不好意思地笑了笑说："看来这是传男不传女的秘方啊，姑娘，那你再给我来一瓶，我怕不够吃呢。"

女孩把几瓶香菇酱一起仔细打包好给了宋大爷，宋大爷也乐呵呵地回家去了。

以上案例中，销售员小姑娘在一颦一笑中把宋大爷问到的问题给巧妙地拒绝了，老人并没有生气，一高兴还增加了购物的数量。客户消费，就是买个实在、买个顺心，不顺心的购物谁愿意花钱去自找呢？

【实战点拨】

在销售中，有时客户会问到成本或者商业机密之类的问题，他们也并不是真的需要得到确切的答案。问成本多少，大多是担心自己买亏了；问商业机密的，都是被商品吸引了。如果销售员本着诚实的态度直接拒绝，就会给客户的热情泼冷水。既然客户开口问，那就是有买的想法，所以客户开口问，机灵的销售员要知道如何巧妙拒绝。

1. 问清楚客户问题的根由

面对客户的问题，需要我们搞清楚客户这样询问的目的是什么，是出于好奇或者是某种利益目的还是竞争对手的有意套话。如果客户提出的问题是正当的，又在自己可以提供帮助的范围内，就应该尽力为客户做好服务，达到客户的满意和要求。但是如果客户的要求超出了自己的服务范围，也不符合销售工作中销售规范的要求，那就要予以回避和拒绝。

2. 转移话题，有的放矢

当客户提出了你不方便回答的问题，我们的基本原则就是拒绝。一般的销售员会一板一眼地跟客户解释，比如说这个问题违反了商业规定，不能透露。但是这种回答很死板，也会伤感情。最巧妙的办法是转移话题，有的放矢，如果你面对的是一位性格急躁或者爱寻根问底的客户，不妨先把话题转移了，打趣一下把这个话题一带而过，明事理的客户就会知道他的问题不会有结果，也就不会再继续追问了。

3. 退一步处理

有时你面对的客户可能是一位你不愿意失去的重要客户，客户的态度又比较强硬，这时双方僵持着问题也不好解决，不妨让客户等一等或者表达一下自己的难处和公司的规定，有理有据地说服对方。这样退一步海阔天空的做法，也是化解不方便回答客户问题的方法之一。

销售实战能力训练与提升

（一）销售心理学小课堂

主题1：销售员如何处理拒绝

1. 处理拒绝的步骤

（1）接受。诚恳地接受客户提出的问题，内心认为是合理的，可以理解的。

（2）判断。判断客户所提的问题性质属于拒绝的哪一类，并做出是否立即解决或拖延处理的决定。

（3）回应。就提出的问题做出回应，回应的态度和语气要趋向于成交。

2. 处理拒绝的方法

（1）忽视不理法。如果客户只是随便提提问题，并不想获得真正的解决，态度不强烈，这样的情况就可以适当地轻处理。比如，针对"这本字典如果没这么厚，我就会买"这样的问题，你只要对对方笑笑就可以了。

（2）回力反弹法。这种方法的原理就像回力棒抛出后会反弹回原地，把客户提出不购买的原因立即转化为购买的理由。

（3）迂回询问法。通过缓和的问话处理客户的问题。

主题2：客户说"不"的类型

有人说，做销售是最好的锻炼人的意志的工作。因为做销售的人经常会被客户拒绝甚至是扫地出门。被拒绝的时候，一定要擦亮眼睛，善于察言观色，洞察客户的心理活动。通过观察了解客户为什么说"不"，客户拒绝的情况有很多种，一定要细心揣摩。

1. 因为不需要说"不"

需求是创造出来的。客户因不需要而拒绝时，有可能是因为他没有意识到自己的需要。作为销售员的首要任务就是让客户认识到这种需要，并把这种需求强化，而不是拿客户没有需求来说服自己。当然，客户不购买的一个重要原因可能是他们真的不需要这款产品。所以销售员一定要凭借敏锐的观察力，或通过提出一些问题让客户回答，了解客户的需要之所在，以便满足他的真正需要。

2. 因为没有钱说"不"

一般来讲，金钱的多少将直接影响客户的购买力，所以碰到自称没钱的客户，理论上讲还是有希望的。解决的办法主要是摸清他的真实想法：是真的没钱还是目前钱不够？是不是对产品质量有顾虑？多站在客户的角度想想，才能多促成一笔生意的成功。

3. 因为没时间说"不"

这是销售员最常见的也是最没办法应对的一种拒绝，令销售员产生无比的挫折感。三天两头联系，一句"没时间"就把销售员打入了冷宫。有些销售员会在这时候选择放弃，认为客户无诚意。但反过来想想，已经付出了这么多，为何就不再多坚持一会儿。显然，敢于这样说话的客户是有一定决定权的人，若一开始就被他的气势压倒，在随后的工作中将始终会有难以摆脱的心理障碍。应对这样的客户，就应该单刀直入，直奔主题。如果你说的话题能在开始交谈的几分钟内引起他的兴趣,就还有希望。当然如果客户正在忙,或正在闹市区,接听电话也不大方便的话,就没有必要再浪费时间,明智的选择是留下资料和联系方式,另约时间。

4. 反复考虑后说"不"

已经把资料和样品给客户看了,演示了。眼看就能成交了,但客户依然会说"再考虑考虑"时,销售员一定要跟紧客户,以免交易机会落空。这时,销售员尤其要注意的是不要出于礼貌说:"那您再考虑考虑吧。"而一定要约好与客户下次见面的时间。否则"考虑"的结果一般是"不好意思,我们已经选择了别家产品了",眼睁睁地看着客户买了竞争对手的产品弃你而去。

5. 因为嫌贵说"不"

有关资料统计过,国外只有5%的客户在选择产品时仅仅考虑价格因素,而有95%的客户是把产品质量摆在首位的。随着生活水平的提高,国内的消费者对产品质量也越来越看重了。所以从这个角度来看,嫌产品贵肯定只是表面现象。自古就有"一分钱一分货"之说。客户之所以嫌产品贵,肯定是认为产品不值这么多钱,这个评估仅仅是他心里的评估。如果客户不能充分认识到产品带来的价值,他当然有理由认为产品根本不值这个价钱,嫌贵那就是很自然的事情了。所以,销售员一定要在产品的价值上下功夫,让客户对产品的价值有全面的了解。

6. 防卫型说"不"

有这样一个调查:"在进行销售活动时,你是怎样被拒绝的?"根据调查的结果,可以得出以下结论。

客户没有明确拒绝理由的,占70.9%,这说明有7成的客户只是想随便找个借口搪塞销售员。这种拒绝的本质是拒绝销售的行为,我们把它称为防卫型拒绝。如果销售员能够很好地利用这70.9%的客户资源,必将会为公司和自己带来可观的销售收益。

7. 不信任型说"不"

不信任型拒绝不是拒绝销售行为本身,而是拒绝销售行为人——销售员。人们通常认为,销售的关键取决于产品的优劣程度。这虽然有一定的道理,但不能一概而论。有时即使是好的产品,不同的销售员销售的业绩也是大不相同的,原因是什么呢?大量的证据表明,在其他因素相同的情况下,客户更愿意从自己所信任的销售员那儿购买。因此，要想成为一个成功的销售员必须在如何获得客户的尊重和信任方面多动脑筋。

8. 无帮助型说"不"

在客户尚未认识到商品的方便和好处之前，销售员如果试图去达成交易，那几乎是不可能的。在很多情况下，客户是由于没有足够的理由说"是"才说"不"的。因为谁也不愿意随随便便地贸然购买而被人看作是傻瓜。在这种情况下，客户缺少的是诚心实意的帮助。销售员应该帮助客户认识到产品的价值，能带给自己的最大利益，好让他有充分的理由放心购买。

9. 不急需型说"不"

这是客户利用拖延购买策略而进行的一种拒绝。一般情况下，当客户提出推迟购买时间，表明他是有购买意愿的，但这种意愿还不是很强烈，尚未达到促使他立即采取购买行动的程度。应对这种拒绝的最好办法是，让客户意识到立即购买带来的利益和延误购买将会造成的损失。

上面这些看似正当理由的拒绝，实际上只是一些借口而已。销售员一定不能把借口当作真正的拒绝理由，也不要非常直接地告诉客户，说他是在寻找借口或者不愿意做出明确的回答。此时，要取得这些客户的订单，要迎难而上。虽然这是极其困难的，但这也是一个优秀销售员必须要做到的。

（二）销售实战思考

（1）卖场中，客户看完某款掌上电脑后，问销售员："这种掌上电脑能打折吗？"

销售员笑着回答："您听说哪里的黄金有打折的？"

问题1：如果你是客户，你觉得这样回答好吗，能起到什么样的作用？

（2）一位客户在帽店选中了一顶帽子，对款式和做工都很满意。当客户向帽店老板询问价格后，客户冲帽店老板嚷着说："这么一顶帽子竟要70美元？你是不是发疯了！用这些钱足可以买一双上等的皮靴。"

帽店老板说："您说得不错，先生。可我不明白，上等的皮靴您怎么把它戴在头上呢？"

帽店老板幽默的话语突破了客户价格高的购买障碍。

问题2：本案例中老板的做法对吗？为什么？

参考答案

答案1：这位销售员的回答既拒绝了客户的打折要求，又暗示了产品的黄金品质。通过缓和的回答来达成处理客户问题的效果。

答案2：案例中的帽店老板用幽默的语言把帽子价格高说得很理所当然，诙谐的气氛一下子拉近了与客户间的心理距离。通过紧扣客户的话，把帽子和鞋子的区别告诉给了客户，非常巧妙地突破了成交障碍。

第9章 运用有效心理干预，让客户毫不犹豫地购买

很多商品客户对其是持怀疑心态的，比如客户第一次购买的商品，或者是市场上的新产品等。这种心态可能会让客户拒绝你的销售。这时，销售员要会利用一定的心理干预，促进销售的成功。所谓心理干预，是指销售员通过语言交流、产品宣传、操作演示等方式对客户进行心理引导，解除客户对产品的疑虑，帮助客户树立对产品的信心，让客户毫不犹豫地购买。

限时限购成交术，促使客户去抢购

在销售学中，有一个招术叫"饥饿销售"。当然，这不是现实意义中的饥饿，而是销售方专门给客户营造出来的一种感觉。这种感觉会让客户迫不及待地去购买产品，产生一种紧迫感和需求感，买到了产品就会获得安全感和满足感。这种销售的运行方式就是我们经常见到的限时限购成交术，它使得产品在未推出之前就开始"发酵"，一经推出就迅速获得巨大的成交量，为销售方赚足了利益和噱头。

【实战案例】

A品牌巧克力味道醇美，深受广大消费者喜爱，一直稳居巧克力销售市场的王牌地位。这不仅仅取决于巧克力的口感和包装，还源于A品牌巧克力每年一度的销售大狂欢。

每年的秋冬季节，A品牌巧克力的销售宣传造势活动就会铺天盖地式地进行。每年的活动都很隆重，但基本的主题一般都是围绕着"限时限量"来进行的。最近，A品牌的广告策划推出了新一年的巧克力销售活动，具体内容如下：

"为回馈新老客户，本公司决定举行'巧克力大放送'活动。凡是于11月1日至11月5日前往各大商场购买A品牌巧克力的客户可享受买一送三大礼包。大礼包数量有限，仅限每天购买此商品的前100名客户享有，大礼包内均有抽奖卡片，拥有此卡片的客户可以参加抽奖活动。一等奖3名，奖品为双开门冰箱1台；二等奖10名，奖品为微波炉1台；三等奖100名，奖品为巧克力大礼包1份，绝无空奖，最低奖品即为巧克力大礼包，领奖时间与购买时间一致，过期不再兑换，望广大新老客户积极参与。"

今年的巧克力销售宣传活动一推出，到了11月1日，各大商场的A品牌巧克力专柜都被客户挤爆了，甚至出现了供不应求的情况，到了11月3日上午，A品牌的巧克力就已经卖脱销了，有些客户连连中奖，商场也另设有兑奖专柜积极予以兑换，不到预定的时间，成交量已经突破了预计的10%，成交额达到3亿元。经统计，除了1～3日销售额不断飙升外，以后一周的时间段内此品牌的巧克力还处在成交的高峰期，销售总量稳居高位。各大商场的数据显示，仅仅这一时期A品牌的巧克力销售量就是销售淡季的10倍之多。当然，这也是A品牌巧克力每年都举办此类活动的根本目的。

在以上案例中，A品牌巧克力的策划方就是抓住了客户的"饥饿"心理，而客户，当然不愿意错过买一送三的机会，又加上抽奖的诱惑、时间的限制都成为活动成功的催化剂，造成了客户的紧张感。在这种心态之下，客户购物时就会觉得买得越多越划算，无形中已经超出了正常的购物数量。同时，活动还设置每天的前100名客户才有机会参加抽奖，那么客户就会一大早去商场门口排队等待购买产品，这不仅形成了争先恐后的购买心理，也给那些还没有参与到活动中来的客户造成了一定的吸引和影响，会引起他们的好奇心和从众心理，使之尽快地参与到活动中来。即使没有参与，这样的聚众方式，也起到了很真实的宣传效果。

其实，这样的限时限购成交术是以小部分人获利为原则的，在有限的时间内使得宣传效果立竿见影，销量猛增，不仅能够维持老客户的购买量，还可以吸引新客户尝试购买。在购买的高峰期，可以有效地搜集客户资料，对产品适应人群有所把握和了解，为产品的制作和经营提供全面的信息，帮助销售方更好地推出自己的产品。

【实战点拨】

对于购买心理而言，通常是"物以稀为贵"。当一个产品被打上限时销售、限量销售的牌子时，就会引起客户争先购买的消费心理。他们担心错过时间会购买不到或者是产品不多，很快就卖完了自己抢不到。这样的小技巧不仅可以促使客户尽快下决定从而在短时间内完成交易，而且可以使客户积极主动地选择购买产品，节约了很多的销售环节和时间。如果多进行这样的销售活动，那么产品会很快卖完，也不会大量积存货物。

在限时限量销售中需要注意哪些方面呢？

1. 注意活动实施的难易度

一般来说，在短时间内举行比较集中的活动是可以带来强化的销售气氛和销售效果的，但是这类活动举办起来要考虑诸多方面的问题，相关部门都需要积极参与其中，而且在实际销售过程中遇到的问题也是难以预料的，所以存在一定的困难度。策划活动不难，但操作起来就没有想象得那么简单了。所以在策划时一定要以实际经验为依据，不可以盲目追求销售效果而推出一些华而不实的活动，应以易操作且效果好为原则，在可控范围内添枝加叶使活动增色。

2. 控制成本

线下的限时限购销售活动在具体规划时需要考虑到产品成本、产品运输、产品消耗、人工费用以及媒体宣传费用和代理商的展柜费用等，规模稍微扩大一点就要承担多倍的费用以维持活动的运营和周转。所以，在策划活动方案时既要考虑到活动之内的产品成本也要考虑到产品成本之外的诸多因素，把成本控制在合理的范围之内，千万不能为了追求活动效果而盲目开支，这是与获益的原则背道而驰的。

3. 保证活动质量

在限时限量的销售活动中，销售方一般都会采取抽奖、赠送小礼品或者领取优惠券的方式，这些附加的优惠必须控制在成本之内，如果为了降低成本而赠送一些质量差的产品或者是客户领取的优惠券根本不实用，就会招致客户的反感，销售活动也就达不到应有的效果，还会在某种程度上影响品牌的名誉。

利用二选一法则，让客户没有退路

什么是二选一法则？是指你给客户 A、B 两个选择，而且必须让客户从二中选其一。客户在选择产品上有迟疑，这是很正常的，哪怕是你也会迟疑，不知在鱼和熊掌之间做何选择。所以当你面对迟疑的客户的时候，应耐心地询问他的需求，并详细解答他的问题，提供他所需要的帮助。在明确了客户的需求后，销售员这时候就可以采用二选一的技巧，缩小挑选范围，缩短客户的迟疑时间，比如："请问您是选择这条简单大方款的连衣裙还是那件复古时尚款的衣服呢？"让客户跟着你的思路走。

【实战案例】

原一平有一次去拜访一位客户，希望他能投保。

客户："保险是很好的，但是我的资金现在正在银行中，还没有到期，要是到期的话，我就购买保险，100万、200万元都不成问题。"

原一平："您的资金什么时候到期呢？"

客户："明年4月份。"

原一平："那很快了，让我们现在就准备吧。"

于是原一平拿出保单，按照客户给的名片把客户的姓名，地址一一填上，尽管客户想阻止原一平，但是原一平就是不停手。

原一平："反正是明年的事，现在写写又何妨？"

客户："也是的。"

原一平："保险金您是喜欢按月交还是按季度交呢？"

客户："按季度吧，按月的话太麻烦了。"

原一平："保险的受益人怎么写呢？写您、您太太或者儿子？"

客户："写我太太吧。"

原一平："您是投100万还是200万元呢？"

客户："100万元吧。"

原一平："以您的财力，现在只保100万元吗？"

客户："那就200万元吧。"

人类具有一种跟随最后选择的习性，当你想让他人跟随你的意愿进行选择的时候，不妨给客户一个两者择其一的提问，将希望对方选择的那项放在后面说。采用这种巧妙的习性心理利用术，抛给客户一个二选一的问题，往往能够让你在销售中握有绝对的主控权。实战案例中，就是这种二选一的方法，使得原一平敲定了本来看起来没有希望的订单。

【实战点拨】

在实际销售过程中,要懂得运用二选一法则,通过你的问题,引导客户做出你期待的满意回答,就达到了你最初的销售目的。销售员在使用二选一法则时要注意以下几点。

1. 赞同客户的观点

客户在挑选产品的时候,会发表自己的意见或见解,这时候,即使不同意,你首先也要赞同客户的观点,这样才有机会让客户听你说下去。如果你直接反驳了他,客户可能会生气地拂袖而去。

2. 要讲究时机和顺序

销售员在使用二选一法则的时候,应该这样说:"您是喜欢 A 还是 B 呢?""您是要一个还是两个?"给客户一个机会选择。二选一法则是有适当的使用时机的,不要还没搞清楚状况,就胡乱使用二选一法则,客户还没完全了解你的产品,甚至还没什么兴趣时,你突然问他打算买你的 A 产品还是 B 产品,反而会适得其反,所以使用二选一法则是要讲究时机和顺序的。

消除"痛点",让客户果断下单不犹豫

客户的"痛点",就是客户的深层需求。这种需求相对隐性,一般人不会主动显现出来,甚至有时连客户自己都意识不到,需要销售员从彼此的交谈中细细摸索、小心试探,才能确定。在种种销售场景中,我们会发现,很多谈了很久眼看就要敲定的单子都在最后一刻功亏一篑;很多客户在选定商品时犹豫不决,销售员苦口婆心,就是抓不住对方下决心的"点"。其实,这些离成功就差一步的失败,都是因为没有把握住客户最根本的需求点,没有找到其最在乎、最关心、最渴望的深层次的需求,就像没有牢牢拴住一个人的

心一样,他随时都有变卦的可能。

【实战案例】

小萌想给自己母亲买一部手机,因为母亲五十多岁了,还没用过智能机,小萌担心母亲不习惯,便带着她去柜台,现场试好后购买。结果二人逛了一个上午,进了好几家店,小萌母亲要么觉得费电不实用,要么觉得太贵,认为还是买个老年机比较实用。而小萌则希望以后自己不在家时能和母亲视频联系,所以不同意买功能少、相对便宜的老年机。母女二人僵持不下,迟迟没有买到满意的手机。

后来在一家专柜前,小萌一直试图说服母亲,不要在意价格,用着好就行,她妈妈却始终犹豫,下不了决心。柜台的销售员原本耐心地向她们说明手机各种强大的功能,看到小萌已经下定决心了,便干脆转换角度,对当妈的说道:"智能手机毕竟功能多,耗电和价钱确实不能同从前的手机相比,但是您单从这一点上来判断它的价值就有些偏颇了,毕竟它能使您和您的闺女分隔两地还能像在身边一样天天见面呢,而且这一款手机的电池容量××××MA,待机时间长,充电也快一点,不耽误事……闺女挣钱是辛苦,您不舍得多花,可是闺女想家、想妈妈的心是多少钱都安慰不了的,您想想是不是这个道理?"

小萌母亲听了,心里也感慨,觉得自己确实太固守成见了,于是同意小萌买下了手机。

一款产品的功能是客观固定的,但是在使用它的人手里,就有了不同的意义。因此在销售环节中,理解客户真实的需求和顾虑是非常重要的,比如上述案例,对于小萌这样现代的年轻人来说,智能手机普遍的好处不用多说,大家都知道也都需要,销售员只需要介绍自己品牌手机的突出优点就好了。但对于老一辈的人来说,花里胡哨的功能在他们眼里都是不实用的,说再多也没有意义,因为他们自有他们心目中的"理想手机"。如果销售员能抓住他们心中"理想手机"的样子,推销时将自己的产品往上靠拢,顺便消除对方顾虑,就会一下戳到客户的"痛点",让他产生"对,我就是想要这种"的感觉,然后终结犹豫,为成交敲下最后一锤。

【实战点拨】

销售产品一定要先给客户一个明确的购买理由,设身处地站在对方的角度思考,而不是只一味地夸赞自己的产品有多好,再好的东西,不符合需求也是无用的,而需求也是需要销售员替客户挖掘的,会挖掘客户需求的销售员,才是一个成功的销售员。

那么销售员要如何寻找客户的"痛点"呢?

1. 把握好从普遍需求到特定需求的过渡

普通需求就是大众对一个商品普遍的接受理由,比如衣服的质量、质地和款式,食物的口味和营养成分等,一个产品之所以成为商品,就是其客观实用性被市场需要,有一定量的固定消费群体,这些消费者的共性就是对这件产品的"普通需求"。因此在销售环节中,销售员在推销时最先把握住的就是客户的普通需求,就像手机,谁都知道要买质量好、功能强、系统流畅的,因此推销时会优先接受产品的这方面特征。特定需求顾名思义就是不同的客户个人情况下的特殊需求,比如有人买手机就是用来打游戏;有人就是纯粹地当作联络工具。那么销售员在推销时就应尝试着去把握对方的特定需求,强调其产品某一方面(符合客户需要的)的优势,来迎合对方,斩断客户顾虑。

2. 尊重客户感受,引出内心深层需求

一个人的深层需求是相对隐性的,有时客户自己都没有察觉到,或者碍于情面不愿意主动透露。遇到这种情况时,销售员应当耐心引导,一步步消除对方最后的心理防线。首先尊重客户的感受,切莫心急直接戳破客户意图,造成他的尴尬。比如当客户因为价钱而犹豫时,往往不愿直说,销售员看出来了也不应该直接点破,而应首先将推销的重心转移到"产品质量与价格是如何对等"上,让客户觉得"贵得有道理且物超所值";其次,先肯定客户的犹豫,再婉转地排除,如给客户算算明细账,将"高价格"分解为多个"低价格";最后,自信地告诉客户"您有这样的顾虑是没有必要的,因为我们的产品不存在价高质低的问题"。

欲擒故纵，让客户感觉到危机

有的客户虽然对产品和服务都很感兴趣，但或许是因为性格原因有些优柔寡断，因而迟迟做不了决定。面对这种情况，你可以反其道而行之，做出准备服务于其他客户的样子，或者就是因谈不拢不卖了。如果客户真的想买，就会被迫马上做出决定。

欲擒故纵主要利用人们对事物的态度，是越朦胧越想寻求其清晰的心理。如果能把谜面说得扑朔迷离，人们就想寻求谜底，破解谜面。在销售行业里，也有成功地运用欲擒故纵术来销售的案例。几乎所有人都有过这样的经历，当受到批评时，难免会产生一定的抗拒心理，如果能够合理地利用人们的这种心理，就会很容易改变某些人的顽固心理。如果在一个房间的墙壁上贴上"不准进入"的纸条，也许会有更多的人想进到房间里一看究竟。同样，在推销活动中，如果销售员适时地告诉客户"我不卖"，这种欲擒故纵术往往让客户购买的欲望更大。

【实战案例】

情景 1

销售员小肖自从做销售这一行以来，销售业绩一直很好，甚至在很多时候，别人卖不出去的产品，她都能很顺利地推销出去。在被问到为什么能这么容易地完成销售任务时，她说了这样一段话："事情其实说起来也没有那么难，在推销过程中，合作的双方地位应该是平等的，很多销售员都把自己的地位降得很低，面对客户就是服从、服从再服从，他们从来都没有想过，单纯地让客户买你的产品，大多数客户就会产生逆反心理，这样的推销方式肯定不行。你只有站在平等的基础上，如在介绍给客户一个合理的价格时，适时地传达出'超过这个价格范围我就不卖'的意思，那么客户的逆反心理就会削弱，对于产品，他们可能也会欣然接受。"

情景2

一天，一个销售员上门推销一套炊具。他敲了李先生家的门，李先生的妻子开门请销售员进去。李太太说："我先生和隔壁的赵先生正在后院，不过，我和赵太太愿意看看你的炊具。"

销售员说："请你们的丈夫也到屋里来吧！我保证，他们也会喜欢我介绍的产品。"于是，两位太太硬逼着她们的丈夫也进来了。销售员做了一次极其认真的烹调表演。他用他所要销售的那套炊具温火煮苹果，然后又用李太太家原有的炊具以传统的方法煮。两种炊具煮出来的苹果区别非常明显，给两对夫妇留下了深刻的印象。但是男人们总是会装出一副毫无兴趣的样子。

这个时候一般销售员，看到两位主妇有买的意思，一定会趁热打铁，鼓动她们买，如果这样做的话，还真不一定能销售出去，因为越是容易得到的东西，人们往往越觉得它没有什么珍贵的，而得不到的东西才是好东西。这个聪明的销售员深知人们的这种心理，于是将样品放回盒里，对两对夫妇说："多谢你们让我做了这次表演，我实在希望能够在今天向你们提供炊具，但我今天只带了样品，也许你们将来才想买它吧。"说着，销售员起身准备离去。这时两位丈夫立刻对那套炊具表现出极大的兴趣，他们都站了起来，想要知道什么时候能买得到。

李先生说："现在能向你购买吗？我现在确实有点喜欢那套炊具了。"

赵先生也说道："是啊，你现在能提供货品吗？"

销售员真诚地说："两位，实在抱歉，我今天确实只带了样品，而且什么时候发货，我也无法知道确切的日期。不过请你们放心，等发货时，我一定会记得告诉你们。"

李先生坚持说："唷，也许你会把我们忘了，谁知道呀？"

这时，销售员感到时机已到，于是说："噢，为保险起见——你们最好还是付订金买一套吧。一旦公司能发货就给你们运来。这一般要等一个月，甚至可能要等两个月。"

两位丈夫赶紧掏钱付了订金。订金拿到手，销售员心花怒放。一个月以后，销售员按约定将商品给他们送到家。

人的天性似乎总是想要得到难以得到的东西。在这里，销售员只是利用了客户的这个天性，运用了一点儿销售心理学而已。欲擒故纵术是一种很有效的销售方法。有时候，适当地向客户传达"我不卖"的信息是很重要的，当大多数的销售员普遍说"是"的时候，由于你给客户留下了一种特殊的印象，你被选择的可能性也许会更大。比如在谈判过程中，销售员一定要学会适当地使用"威胁"语言，只要运用得当，无疑会对你的销售工作起到良好的促进作用。

【实战点拨】

欲擒故纵法又称冷淡成交法，是针对客户出现的戒备心理和对峙心态，在销售的服务中，抓住对方的需求心理，先摆出相应的事实条件，表现出"条件不够，不强求成交"的宽松心态，使客户产生不能成交的惜失心理，从而主动迎合销售员的条件成交。运用欲擒故纵法要注意以下几点。

1. 激发客户购买欲望

销售中运用欲擒故纵法，重点在于激发客户的购买欲望，然后有条件地卖产品。在运用欲擒故纵法的时候，其实是对客户购买欲的巧妙利用。所以，在运用这种方法时，假如客户没有购买欲望，要懂得激发客户的购买欲望，否则，欲擒故纵销售法就无法实施。

当你苦口婆心地介绍产品却收不到效果时，不妨给予客户一种巧妙的暗示，告诉他"这个产品真的很适合您，如果不买，将来您一定会后悔！"再跟进一些类似的具有惋惜等暗示性的话语，会让客户对于失去产品生出一种危机感，激发客户的购买欲望。

2. 控制自己的情绪，不能急于求成

对于销售员来说，把商品卖出去才是目的，不卖是一种伪装，如果销售员急于求成，一是不能充分调动客户的购买欲；二是容易让客户产生抵触情绪，最终导致销售失败。所以，运用欲擒故纵销售法，不能急于求成。

3. 对有购买意向的客户，条件不要太高

一般来说，对客户的购买欲望先有个基本的判断，然后根据客户的情况设置"拒绝"的原因。对成交志在必得的客户，你开出的条件也不要太高。

老祖宗总结了上千年的欲擒故纵法是经得起时间的考验的，灵活运用"擒"和"纵"，就可以让你的交易手到擒来。

黑白脸成交术，软硬兼施促进成交

黑白脸成交术是在销售过程中软硬兼施的一种销售策略。黑脸往往最先打头阵，表示出一种比较坚决、毋庸置疑的态度；继而白脸出现，缓和局面，用温柔的态度安抚对方。这样的销售策略能够造成客户心理上的张力，感受过两种态度之后的客户更能够被影响，从而在情绪被安抚之后做出快速购买的决定。同时，软硬兼施是两个策略的结合，面对性格不同的客户可以施展其不同方面的功能，在一定程度上简化了销售员的操作步骤。

【实战案例】

"这件衣服挺好看的，就是太贵了。"客户一边爱不释手地摸着衣服，一边说着，想试探试探销售员小丽的态度。小丽从事销售行业5年了，对客户的心理把握得很准。客户一般都存在讨价还价的心理，有些客户稍微还价之后就满足了，但有些客户即使给她降低了价格，她还会得寸进尺，想要进一步压价。据以往的经验来看，这个客户属于后者，得小心应对才是。

小丽说："这件衣服是天鹅绒的，质量很不错，就剩下这一件了，马上准备换季，店里也不准备再进这款货了，您要是喜欢，就赶紧穿回家吧。"小丽对客户提出的价格问题只字不提，想看看客户有什么反应。果然不出所料，客户还是紧紧地围绕价格来说："嗯，我确实挺喜欢这件衣服的，摸起来手感也不错，你要是能打个六折，我就立刻买了。"

听到客户的报价以后，小丽并没有像一般的销售员那样直接告诉客户可以降价多少，而是把脸一沉，对客户说："这件衣服真的是价格很低了，这样吧，要不您再上其他家看一下？"小丽说完之后，就默默地观察客户的反应。只见客户并没有离去的意思，只是略显得有些紧张，皱着眉头好像在思考些什么。空气大约凝固了几秒钟，客户再次开口说："是这样的，我经常来你们家买衣服的，我有你们店里的会员卡，你看看能不能在会员的基础上打个折扣，这件衣服我确实是真心要买。"

小丽并没有立即答应客户，她表现出一副无可奈何的样子说："那这样吧，我去跟我们经理申请一下，如果经理这边不批准的话，那就实在不好意思了。"看着销售员一点也不肯让步的态度，客户在等待的时候显得有些焦灼，但依旧没有离去。过了几分钟，小丽和颜悦色地走了过来，拿着那件衣服开心地对客户说："我好不容易给您争取的，我们经理说看在您是我们店老客户的份上，这件衣服可以给您打六五折，这绝对是最优惠的折扣了。"客户刚开始还觉得这次肯定不能还价了，心情还有些低落，没想到还可以打个六五折，便立刻刷卡成交了。

黑白脸成交术在具体操作过程中，对待那些一味想要压低产品价格而且有90%的把握会购买的客户很适用。因为这些客户对产品具有很强的购买意愿，只是想以更低更少的价格把产品买回家。所以只要有一丝希望，她们就会软磨硬泡，达到她们既想买到又想低价的目的。销售员在此时就要摸清楚客户的购物心理，一旦认准是此类型的客户就可以对其实施黑白脸成交术。

【实战点拨】

黑白脸成交术就是对待客户使用两种截然不同的态度。当人在第一次被拒绝的时候就会产生一种被冷落的心理，会感到很不舒服，所以当客户被黑脸打击过后就会对产品价格不再抱那么高的期望，等到客户把心理需求降下来之后再给客户一个优惠，这样客户就会在之前心理的影响下立即抓住这个机会，并且还会认为这个优惠是得来不易的，一般情况下都会快速成交。

在销售过程中，使用黑白脸成交术需要注意什么呢？

1. 看清状况再使用

不同的成交术是针对不同的客户的。黑白脸成交术适用于那些对产品购买意愿比较高，只是对产品的一两个方面，如价格方面略有顾虑的客户。但是针对那些购买意向度还没有提高上来，对产品犹豫不定顾虑较多的客户，最好还是不要轻易使用，不然销售员的"黑脸"会让客户感到压抑，对销售员的态度产生反感。

2. 先"黑"后"白"有顺序

黑白脸成交术一定要按照先"黑脸"再"白脸"的顺序来进行。先"黑脸"是为了降低客户的砍价需求，控制住客户压价的范围；后"白脸"是给客户一个好的态度，不仅可以满足此时客户的需求还可以弥补刚刚"黑脸"所造成的客户心理上的抵触心理，具有破冰的作用。但是如若先采取了比较软的态度，就会助长客户的过分要求，等客户觉得销售员是一个比较好说话的人以后再突然采取"黑脸"战术，就会让客户觉得是销售员不近人情，也就不好弥补给客户造成的心理压力了。

3. 态度明确

销售员在采取黑白脸成交术的时候一定要有鲜明的立场，做好每个阶段的角色分配，不要被客户的过分要求所影响而表现出模棱两可的态度，这样无论最后有没有满足客户的要求，客户内心都不会觉得很满意。模糊的态度还会让客户怀疑销售员的诚实度，影响到交易的成功。

用环境的力量，激发客户的消费热情

商业街总是给人一种熙熙攘攘的感觉，人们逛街也喜欢去人多的地方凑热闹，即使有的时候没有消费需求，也会因为销售员的推销和从众心理冲动购物。所谓"热闹"，就是凝聚在销售环境中的销售气氛，当销售热情达到高潮时，客户会不自觉地神经兴奋，从而做出购物的决定。

【实战案例】

情景1

佘山强开了一家高档化妆品店，由于商品的包装五颜六色，所以总是给人一种眼花缭乱的感觉，以致使本来高档的化妆品显得有些低俗，销售情况自然也好不到哪里去。后来，佘山强找了学美术的朋友帮他搭配商品包装的颜色，将同色系包装的商品组合放在一起，排成了彩虹状，这不仅使店铺更加美观，而且也成为一种特色，吸引着客户的目光。此后，佘山强的化妆品店销量一直很好，人气也越来越旺。

情景2

世界上最伟大的销售员乔·吉拉德在他办公室的墙上挂满了他荣获的各种奖章和一些登着自己事迹的报纸、杂志、文章以及与某些重要人士合拍的照片。这些"广告"使乔·吉拉德总是能十分顺利地推销出自己的产品。

在情景1中，佘山强的事例反映了色彩搭配对店铺经营的重要作用。如果搭配得当，它能给客户带来一种美好的购物心情。情景2中，乔·吉拉德利用办公室的布置，有力地给他自己以及他的产品做了最好的证明，无形中对客户产生了一种作用力，使得他们承认、信赖，甚至顺从和拜服自己。

可见，强而有力的证明，以及环境的烘托和感染，能够激发客户的购买欲望，并促使他们立刻行动，进行购买。因此销售员要善于利用环境，给自己制造气势，增加自己的信心，消除客户的疑虑，获得客户的信赖，最终赢得客户的订单。

【实战点拨】

在销售中，光靠销售员苦口婆心地劝说，有时候并不能起到太大的作用。善于借助环境的影响力，作用于客户，帮助自己有效地推销产品，是一种不错的做法。

1. 巧用色彩搭配，为客户勾勒消费心情

为了增强对客户的吸引力，销售员应根据店铺或产品展厅的环境、经营性质、商品特点、客户层次来进行色彩的选择和搭配。利用色彩的远近感，调配不同的色调来修饰产品展示空间，给客户以独特的视觉印象和舒展开阔的良好感觉。

2. 用舒适的空间布局，提高客户的消费欲望

所谓空间布局，指将店铺或产品展厅在空间上分成几个区域。精明的销售员能够通过空间设计的一些方法，将商品合理地展示出来，产生一种赏心悦目的效果，激发客户的消费欲望，进而形成较高的交易率。所以，不同的布局手法、不同的布局侧重点，对商品的整体销售以及不同商品的销售等都会产生影响。

3. 橱窗是店铺的"脸"，用橱窗设计打动客户的心

橱窗是店铺或产品展厅的"脸"，它不仅是店铺或产品展厅装修的重要组成部分，更是向外界展示产品形象的重要阵地。一个构思新颖、手法脱俗、色调和谐的橱窗，会让店铺或产品展厅的内外装饰环境形成一个立体的图像，进而影响客户的心理和行为。

4. 与客户谈判，选择有利于自己的谈判地点

谈判地点的选择往往会影响结果。一般来说，一个人在自己熟悉的环境中比在不熟悉的环境中更具说服力，心理学家将此称作"居家优势"。与客户谈判，同样应该争取这种"居家优势"。

销售实战能力训练与提升

（一）销售心理学小课堂

主题：客户购买的心理阶段分析

客户产生了购买动机后，他会犹豫不决：到底要买什么产品能满足需要呢？客户对某产品从引起注意到购买后满足为止，其中的心理变化大致如下。

注意（喔！看起来真不错！）→兴趣（这东西不错，拿起来摸摸看！）→欲望（想买！联想使用时的感受！）→选择（到底哪一个更好？）→信赖（就是它了！）→购买（给我这个！付钱！）→满足（买了物超所值的东西）。

销售员在客户购买心理变化的各个阶段应该如何做呢？

1. 注意阶段

（1）充分利用商品陈列的三原则（易视、易摸、易选择对比）。

（2）充分利用视觉效果使客户清楚地意识到商品的存在。

2. 兴趣阶段

（1）保持随时服务于客户的状态，不应该有不在乎、闲谈或妨害客户的行为。

（2）提醒客户多留意商品的提示及说明，使客户能获得充分理解。

（3）让客户能轻松地拿在手上看。

（4）多留意对方面部表情的细微变化。

3. 欲望阶段

（1）强调销售重点（性能、功效、价格）。

（2）不要阻挡对方的欲望，留意应对方式。

（3）请对方实际试用（试穿、试吃、试闻、试听）。

4. 选择阶段

（1）以自信心来接待客户，绝对不要以暧昧、模糊的态度来应付。

（2）将商品内容以能使对方满意的方式，加以合理说明。

（3）对产品的特点做重点说明，坚定客户的选择。

5. 信赖阶段

（1）有礼貌、有专业性地介绍产品，使客户对销售员产生信赖。

（2）通过演示使客户对产品产生信赖。

6. 购买阶段

（1）心平气和，不要忽略结账、包装等细节。

（2）登记客户资料。

7. 满足阶段

客户的满足才能带来更多的购买行为。

这是一连串的客户决策过程，其间配合着店头广告诉求和卖场的气氛与魅力，再加上销售员的说服和解说，把产品利益告知客户，合理地传达产品内容、成分、价格等信息，把产品的利益转化成客户的利益，使客户有了信赖感，以协助他安心购买。购买后的满足感是促使客户产生第二次购买欲望的力量，亦即创造需要的满足能产生下次交易的契机。

（二）销售实战思考

（1）销售员对客户说："李小姐，这一款式的销售目前属于国庆特价促销阶段，过两天价格就要恢复原价。您最好是今天能把它订下来，这样您可节约上百元的费用。"

问题1：该销售员用了什么成交方法，该方法有什么作用？

（2）在客户还在犹豫时，销售员向客户提出了两种或多种选择方案，促使客户从多种方案中决定一种，使客户的思维重点放在数量、质量、材料等方面的选择上，而不是抉择买与不买。

问题2：这是什么成交法？这种成交法有什么好处？

参考答案

答案1：销售员采用了机会成交法。此法主要提示客户，不抓紧时机，就会失去良好的机会和利益。

答案2：选择成交法。这种方法表面上看是把成交的主动权让给了客户，而实际上只是把成交的选择权交给了客户，其无论怎样选择都能成交，并充分地调动了客户决策的积极性，较快地促成交易。

第10章 捕捉客户成交信号，把握销售的主导权

　　成交是销售过程中的最后一个环节，对于每一个销售员来说都非常重要。然而，成交的实现必须要等待一个恰当的时机才行，这个时机的核心就是抓住客户发出的购买信号。当客户发出购买信号时，也就是对方潜在的需求意识已经被调整到了最佳状态。此时销售员应该抓住时机，签下订单，否则，可能会错过机会。

捕捉客户成交信号，销售贵在趁热打铁

很多销售员之所以得不到订单，并非因为他们不够努力，而是因为不能领悟、捕捉瞬间成交的信号，导致了失去成交的大好时机。

【实战案例】

小王是某配件生产公司的销售员，他的沟通能力相当不错。前不久，公司研发出了一种新型的配件。这种新配件与过去的产品相比，不但价格低廉，在性能上也具有很多优势。于是，小王决定联系几位老客户，把这种新产品推荐给他们。

此时，碰巧一家企业正好需要购进一批配件，小王去拜访了该企业的采购部主任。

小王在介绍产品性能的过程中，对方详细、耐心地倾听着，并频频点头，还询问有关情况。双方两个多小时的交谈过程十分愉快。小王认为这笔单子已经是十拿九稳的了，就没有及时地向对方索要订单。

他以为客户对自己的产品还没有透彻地了解，应该多接触几次再下订单。可令他意外的是，几天之后，当他再次与对方联系时，或许对方因为忙碌，小王没能联系上对方。这笔本以为能到手的单子就这样拖下去了，最后不了了之。

从例子中可以看出，小王这次销售的失败显然不是沟通不当，更不是产品缺乏竞争力，而是他没有把握好成交的时机，过于顾虑、过于谨慎最终让他错失了良机。因此，销售员向客户销售产品时，一定要会捕捉对方的购买信号，趁热打铁，及时下单。

第10章 捕捉客户成交信号，把握销售的主导权

【实战点拨】

所谓成交信号是指客户通过语言或行为显示出来的、表明其可能采取购买行动的信息。在销售过程中，如果客户已经产生了购买意图，那么这种意图总会有意无意地通过语言、表情、行动流露出来。尽管成交信号并不必然导致成交结果，但销售员可以把成交信号的出现当作促进成交的有利时机。

成交信号是多种多样的，一般可以分为以下几种。

1. 语言信号

当客户有采取购买行动的意向时，销售员可以从客户的语言中发现，如客户提出并开始议论下列问题：关于最快交货时间及限制条件；关于产品的运输、储存、保管与拆装等；关于产品使用与保养的注意事项，零配件供应等；最迟答复购买的日期及有关要求；开始讨价还价，问可否再降点价等；要求继续试用及观察；对产品的一些小问题，如包装、颜色、规格等提出很具体的修改意见及要求；用假定的口吻与语句谈及购买等。如果客户的语言从提出异议、问题等转为谈论以上的内容时，可以认为客户正在发出成交的信号。

2. 动作信号

销售员也可以通过观察客户的动作识别客户是否有成交的意向。因为一旦客户完成了认识与情感过程，拿定主意要购买产品时，他会觉得一个艰苦的心理活动过程终于结束了。于是他会出现与销售员介绍产品时完全不同的动作，例如：由静变动。原先客户采取静止状态听销售员讲解，此时会由静态转为动态，如动手操作产品、仔细触摸产品、翻动产品等。当然，从原来的动态转向静止也是一个有成交意向的信号。

动作由紧张变松弛。如原来倾听销售员介绍，将身体前倾，并靠近销售员及产品，这时变为放松姿态。或者身体后仰，或者擦脸拢发，或者做其他舒伸动作等。

由单方面动作转为多方面动作。如客户由远到近，由一个角度到多个角度观察产品，再次翻看产品说明书等。

有签字倾向动作。如客户出现找笔、摸口袋，甚至是靠近订货单，拿订货单看等动作，这些都是很明显的购买信号。

3. 表情信号

人的面部表情是不容易捉摸的，人的眼神有时更难猜测。但经过反复观察与认真思考，销售员仍可以从客户的面部表情中读出成交信号的眼神变化。眼睛转动由慢变快，眼睛发光，神采振奋，腮部放松；由咬牙沉思或托腮沉思变为脸部表现明朗轻松，活泼友好；情感由冷漠、怀疑、深沉，变为自然、大方、随和、亲切。

4. 事态信号

销售活动有关的事态发展所显现的购买信号。例如：客户提出转换洽谈环境与地点；向销售员介绍有关购买决策过程的其他相关人员；提出变更销售程序，如安排销售员住宿、饮食等。

5. 口气发生转变

当客户由坚定的口吻转为商量的语调时，就是购买的信号。另外，当客户由怀疑的问答用语转变为惊叹句用语时也是购买的信号。例如将"你们的产品可靠吗？你们的服务怎么样？"等问句，变成"使用你们产品之后有没有保障呢？至少多久需要保养一次？"也都透露出客户认同了产品，已经在关心购买产品后可能会发生的问题了。这是决定购买的前兆。

表情变化：从客户的表情中捕捉签单信号

销售员的语言沟通能力和观察能力是相辅相成的。真正懂得客户心理的销售员的眼光往往更敏锐，他们可以通过客户的面部表情，看出客户的心理变化，在恰当的时刻提出成交。有时候，就算客户打算购买你的商品，也会因为某些顾虑延缓做出成交的决定，这就需要销售员在销售过程中密切注意客户的面部表情，准确捕捉成交的信号，以减少成交失败的可能。

【实战案例】

张薇是一家冷冻食品公司的销售员。有一次,她发现一位跟她洽谈业务的客户在一开始就眉头紧锁,还时不时地提出一些针对产品质量和服务的问题。

张薇对客户提出的问题都一一给予了耐心、细致的回答,同时还针对市场上同类产品的不足强调了她所在公司竞价排名的竞争优势,尤其是针对客户比较关心的售后服务方面强调了自己所在的公司还获得了所在区域代理商前三名的优异成绩,以此让客户放心。

在她说话的过程中,渐渐发现客户对她的推荐不再是一副冷漠的面孔了,对方的眼睛似乎在闪闪发亮,这时,张薇知道她的介绍说到了客户的心坎儿上,心里对这位客户也就有了七八分的把握。于是她择机递上了合同,果然,客户拿起笔签下了订单。

张薇之所以能顺利销售成交,主要是因为她善于观察客户,并且从客户的表情中识别出了成交信号。的确,每位客户的性格不一,购买过程中的心理变化,也并不是所有人都愿意用语言表达出来。这时作为销售员就应该具备敏锐的观察力,从客户的表情中识别客户的真实想法。

人的面部表情在某种程度上可以透露出一个人的内心欲望。客户的面部表情同样可以透露其内心的成交欲望,只要销售员在关注客户的语言信号和行为信号时,也认真观察客户的表情才可以准确辨别出购买信号。

【实战点拨】

在销售谈判中,表情是表明签单是否有望的重要信号。所以要对客户的行为及表情进行仔细观察,并做出认真分析,准确及时地识别客户表情中的内在含义,抓住其中的成交信号,从而寻找成交时机。

当客户对某个产品感兴趣时,脸部表情会发生一定的变化,如眼神开始发亮,眼睛转动加快,腮部放松;神采奕奕,明朗轻松,活泼与友好;态度变得自然、大方、随和亲切等。当客户面露思考的表情时,已经表明其有了购买意向。销售员此时就应该迅速做出积极的反应,及时回答客户提出的问题,并抓住时机向客户强调产品优势,从而增加成交机会。

言多必得：客户言语暗含成交信号

中国民间有一句话："言多必失。"一个人总是滔滔不绝，话说得多了，自然就会暴露出许多问题。比如他的品性、个人经历、对事物的态度、对事态发展的看法等等，都会从谈话中流露出来。这就相当于把自己暴露了，容易被他人所利用，自食其果。在销售过程中，语言是最直接的成交信号，销售员要准确捕捉。

【实战案例】

小赵："李总，您好，我是××公司的小赵。您还记得吧？"

李总："哦，小赵啊。"

小赵："上次给您说的那个课程培训的事，您考虑得差不多了吧？"

李总："哦，我前几天抽空看了你发来的课程资料，内容不错，就是这个价格可不可以再便宜一些啊？"（购买信号）

小赵："哦，您说价格啊，之前给您说的价格已经是最低价了，真不能再低了，实在不好意思，帮不了您。"

李总："嗯……（短暂沉默）现在总共有多少人报名了？"（购买信号）

小赵："已经有不少人报名了，有××人，大部分都是像你们这样的大企业，有××公司……，那您打算安排几个人参加呢？"

李总想了一会儿，说："四五个吧。"

小赵："那行，我就先给您留4个名额，您看行吗？"

李总："还是5个吧。"

小赵："可以，李总您看，课程马上就开始了，我需要安排一些事情，您什么时候可以把人员名单发给我，我好安排一下？"（抓住成交信号，进行

发挥）

李总："我明天就让小周发给你。"

小赵："好的，谢谢您，那我明天就等着了，您有什么事，再打电话给我。"

李总："行行，谢谢你，小赵。"

小赵："好的，我也要再次感谢您，您有什么事记得打电话，再见！"

从案例中可以看出，销售员从客户的言谈中发现了客户的兴趣，知道客户的诚意，并很好地把握住了这个成交时机。一名优秀的销售员不仅知道如何识别客户的购买信号，而且应该知道如何利用这些信号来促成客户的购买行为。当客户询问与产品相关的一些问题并积极地与销售员讨论时，说明他很可能有购买意向，这时销售员一定要特别加以注意。

【实战点拨】

多数情况下，客户的购买意向都是通过语言表达出来的。销售员要多注意这些能够比较明确地表达客户购买意向的语言。

1. 客户主动询问产品的细节

给客户做完产品介绍后，销售员可以说："先生，您看这样子怎么样？"客户说："不错，不过你们这个最低要多少钱？"销售员说："这个最低只需要58块钱就可以了。"客户说："我买了以后，售后服务怎么样？"

这时销售员就可以判断出，客户真的是非常感兴趣。才会一直问细节问题，销售员应该抓住时机要"承诺"。反之，如果销售员做完介绍，客户说很好，但却没有提出任何问题时，销售员去要"承诺"的成功几率会非常低。

2. 同一个问题，客户问了两次以上

客户说："你这个多少钱？"销售员说："58元。"过了一会儿，客户又问："到底是不是58元？"这就说明他真的是非常感兴趣，只不过对这个价格还不太确定而已。

3. 客户主动询问价格

对产品感兴趣的客户才会询问价格，因此，如果客户主动问到价格，可视作要"承诺"的好时机。

4. 客户自言自语地进行计算

我们给客户做完介绍，并告诉他价格之后，他自言自语地说："58块钱一个月，那一年就相当于696元。"一旦客户开始了类似的计算，可视作要"承诺"的好时机。

5. 客户突然沉默

这里指的沉默是指销售员做完介绍以后的沉默。例如，销售员说："先生，您觉得怎么样呢？"客户说："不错，不过……"

客户提了很多问题后突然沉默了，可视作要"承诺"的好时机。

6. 客户向周围的人询问

客户向周围的人问："你们看如何？""怎么样？还可以吧？"这是在寻找认同感，很明显，客户的心中已经认同了。

7. 客户突然开始杀价或对产品挑毛病

客户突然开始杀价或对产品挑毛病，这种看似反对的举止，其实是客户想最后一搏，即使销售员不给他降价，不对产品的所谓毛病做更多的解释，他也会购买产品的。

8. 客户问到手续办理事项

当客户问："那我下一步该怎么办？"可视作要"承诺"的好时机。

9. 客户问到付款方式

如果客户问到付款方式这个问题，说明他对产品是真的动心了，到了这一步，要"承诺"是水到渠成的事。

10. 客户问到售后服务

客户购买之后，"产品出问题怎么办"是客户最关心的问题。所以当客户问到售后问题时，表明他已经下决心购买这个产品或服务了。

动作捕捉：客户身体会"说话"

在与客户打交道时，准确把握来自客户的每一个信息，有助于销售的成功，这也是优秀销售员的必备素质。沉默中有话，手势中有语言。有研究表明，在人与人的沟通过程中，要完整地表达意思或了解对方的意思，一般要通过语言、语调和身体语言三个方面的协作达成。幽默戏剧大师萨米说："身体是灵魂的手套，肢体语言是心灵的话语。若是我们的感觉够敏锐，眼睛够锐利，能捕捉身体语言表达的信息，那么，言谈和交往就容易得多了。认识肢体语言，等于为彼此开辟了一条直接沟通、畅通无阻的大道。"

【实战案例】

有一次，乔拉克正饶有兴致地向客户介绍产品时，原本对他的产品介绍很有兴趣的客户却不时地看着手表，或者询问合约的一些条款。起初乔拉克并没有在意，当他的话暂告一个段落时，客户突然说："你的商品很好，它已经打动了我，请问我该在哪里签字？"

此时乔拉克才知道，客户刚才所做的一些小动作，是在向他说明他的销售已经成功了，后面的介绍是多余的。

可以说，任何一个感官健全的人，最终都不能完全掩饰住内心的秘密。他可以闭口不言，但他的指尖会"说话"，他的身体也会"说话"。相信有很多销售员都经历过乔拉克那样的事情。肢体语言很多时候是不容易琢磨的，要想准确解读这些肢体信号，就要看你的观察能力和经验了。销售员要牢记一点：客户提的问题越多，你成交的把握也就越大。这就要求销售员在客户提问题的过程中准确识别客户的购买信号，及时把握成交的时机。

【实战点拨】

客户在产生购买欲望后,可能不会直接说出来,但他的举止、表情会泄露相关信息,这就是成交的信号。下面介绍销售过程中一些常见的客户肢体语言所表达出的信号。

1. 微笑

真诚的微笑是喜悦的标志。

2. 点头

当你在讲述产品的性能时,客户通过点头表示认同。

3. 眼神

当客户以略带笑意的眼神注视你时,表示他很赞赏你的表现。

4. 双腿分开

研究表明,人们只有和家人、朋友在一起时,才会采取两腿分开的体态谈话。在进行销售时,销售员可以观察一下客户的坐姿。如果客户的腿是分开的,说明客户觉得轻松、愉快。

当客户有心购买时,他们的行为信号通常表现如下。

(1)不住地点头。

(2)前倾,靠近销售者。当客户的坐姿发生改变时,由原来坐在沙发上身体后仰看着你,转变为直起身来,甚至是身体前倾。这个动作变化说明,客户原来对你是心存戒备的,现在转变为接受和认同了。

(3)触摸产品或订单。

(4)查看样品、说明书、广告等。

(5)放松体态。

(6)不断抚摸头发。

(7)摸胡子或者捋胡须。

上述动作,或表示客户正考虑要接受所推荐的产品,或是表示客户购买决心已定。总之,都可能是"基本接受"的态度。

销售实战能力训练与提升

（一）销售心理学小课堂

主题：制定成交策略的四个要点

成交策略是对成交方法的原则性规定，是销售员在促进成交的过程中必须遵守的活动准则。为了更有效地促使客户购买，销售员必须掌握成交的基本策略。

1. 掌握洽谈的主动权

掌握洽谈的主动权，要求销售员首先在规划洽谈阶段做好充分的准备，制订一个完善的洽谈计划书；其次，运用各种方法引导洽谈按既定的轨道进行；再次，不要把掌握主动权理解为操纵与控制客户。销售员应当鼓励客户表达自己的观点与要求，然后通过对客户的观点、要求做出恰当的反应来掌握主动权。

2. 考虑客户的特点

与销售过程的其他环节一样，促进成交的方法也是因人而异的，并与客户的需求状况、个人特征相适应。只有这样，成交的方法才能发挥最大效力。对于一些客户来说，直接请求其购买也许是最有效的方法；而对另外一些客户来说，直接请求成交则可能意味着销售员在施加压力。如果销售员不考虑特定客户的需求状况、个性特征，成交方法的使用就会有很大的盲目性，也就难以取得预期的效果，销售业绩也上不去。

3. 保留成交余地

保留成交余地，也就是要保留一定的退让余地。为了有效地促成交易，销售员一定要保留适当的退让余地。比如，一台电脑报价3850元，当客户说要优惠的时候，不能直接告诉他最低的成交价格，而是在3850元的基础上适当地降一点，还要补充一句："这是最优惠的价格了，不能再降了。"

4. 引导客户主动成交

在销售过程中，销售员应尽可能引导客户主动购买产品，这样可以减少成交的阻力。销售员在说服客户采取购买行动时，一定要让客户觉得这个决定是他自己的主意。这样，在成交的时候，客户的心情就会十分轻松而又舒畅，甚至为自己做了一笔划算的买卖而自豪。

（二）销售实战思考

有位挨家挨户推销清洁用品的业务员，好不容易才说服公寓的主妇，帮他开了铁门，让他上楼推销他的产品。当这位辛苦的销售员在主妇面前展示完他的产品后，见她还没有购买的意思，就黯然下楼离开了。

主妇的丈夫下班回家，在她不厌其烦地将业务员向她展示的产品的优良性能一一重述后，丈夫说："既然你认为那款产品如此实用，为何没有购买？"

"是相当不错，性能也令我很满意，可是那个销售员并没有开口叫我买。"

问题：这位推销清洁用品的业务员错在哪里？

参考答案

这位销售员百密一疏，功亏一篑。究其失败的原因是他的意志不坚定、精神不集中所致。他不懂得观察客户的认可反应，更不懂得用促成技巧促使销售成交。每一个销售员都需要等待一个恰当的心理时机来成交。这个时机的核心就是一切都合适，也就是潜在客户的意识已经被调动到最佳状态，销售的阻力也已经被消除了，此时不成交，更待何时？

参考文献

[1] 陈璐. 微表情心理学全集：人际交往中的心理策略[M]. 北京：中央编译出版社，2015.

[2] 李昊轩. 一本书读懂销售心理学[M]. 北京：中国商业出版，2012.

[3] 冷湖. 销售心理学：直抵客户内心需求的成交术[M]. 天津：天津人民出版社，2019.

[4] 孟昭春. 成交高于一切：大客户销售十八招[M]. 北京：机械工业出版社，2007.

[5] 吴建安. 市场营销学[M]. 北京：高等教育出版社，2000.

[6] 罗锐韧. 哈佛管理全集[M]. 北京：企业管理出版社，1998.

[7] 叶万春. 企业营销策划[M]. 广州：广东经济出版社，2001.